De oude Grieken en Romeinen

Over de oudheid verscheen bij Davidsfonds/Leuven:
Pieter Bergé e.a., *Als Orpheus zingt... De klassieke oudheid in de West-Europese muziek*
Jo Claes, *Griekse mythen en sagen*
Jo Claes, *Romeinse sagen en legenden. Schatkamer van kunst en taal*
Rogier Eikeboom, *De canon van Latijnse teksten*
Christian Laes e.a., *De jeugd in het Romeinse Rijk. Jonge jaren, wilde haren?*
Christian Laes, *Kinderen bij de Romeinen*
Robert Nouwen, *Keizer Augustus en de Lage Landen*
Robert Nouwen, *De Romeinen in België*
Arnold Provoost, *De eerste christenen*
Bernard Van Daele, *Het Romeinse leger*
Bernard Van Daele, *De Romeinse marine*
Bernard Van Daele, *Wakend over Rome. Soldaten in het Romeinse Keizerrijk*

To: Bill Wemmers
Fr. Marian & Johan
Ter geliegenheid van zijn trip to
Holland in April 2012.

ARNOLD PROVOOST

DE OUDE

GRIEKEN
EN
ROMEINEN

~

HUN DENKEN EN DOEN

DAVIDSFONDS
UITGEVERIJ

INHOUD

TEN GELEIDE

Kan er vandaag nog iets nieuws worden geschreven en getoond over de oude Grieken en Romeinen? Nadat in de negentiende en twintigste eeuw grondig speurwerk verricht werd, niet het minst via bronnenuitgaven en encyclopedische overzichten, lijkt ook de stapel goed geïllustreerde synthesewerken stilaan een verzadigingspunt bereikt te hebben. Maar dergelijke boeken en bijdragen over de antieke mediterrane beschaving spitsen zich gewoonlijk toe op fenomenen van politieke, sociale en culturele aard, voor zover er in de literaire bronnen aandacht aan besteed wordt. In dit boek gebeurt dat echter hoofdzakelijk vanuit de materiële cultuur. Meer bepaald wordt een antwoord gezocht op vragen als: waar en waarvan leefden de Grieken en Romeinen? Hoe woonden ze? Welke vormen van ambacht en nijverheid treffen we bij hen aan? Welke gemeenschappelijke voorzieningen brachten ze tot stand? Welke waren de courante gebruiksvoorwerpen waarover ze beschikten? Enzovoort. In vergelijking met de gebruikelijke beschouwingen over de liefde van de Grieken voor de waarheid, schoonheid en goedheid, en de zin voor organisatie en technische bekwaamheid van de Romeinen lijken dergelijke vragen veeleer triviaal. Maar de invalshoek via de materiële cultuur biedt het voordeel dat je niet focust op wat vooral leefde bij de maatschappelijke en intellectuele bovenlaag. Je krijgt integendeel ook inzicht in het denken en doen van álle Grieken en Romeinen, dus ook van de gewone lui aan wie de grote gebeurtenissen vaak voorbijgaan.

We zullen hier dus pogen om in beeld en woord een nieuw samenhangend overzicht te brengen van de beschaving uit de klassieke oudheid. Daarbij is een sleutelrol weggelegd voor de cultureel-antropologische interpretatie van de deels overbekende, deels verwaarloosde gegevens. De materiële cultuur, zoals de archeologie ons die reveleert, is daarbij zoals gezegd de belangrijkste invalshoek.[1]

Deze aanpak vraagt enige toelichting. De archeologie gaat immers via de materiële resten na hoe mensen in een bepaalde periode en in een bepaald gebied hebben geleefd en overleefd. Meer bepaald leren de nog zichtbare of zichtbaar te maken sporen van menselijke aanwezigheid ons hoe individuen en groepjes mensen hebben gereageerd ten opzichte van hun milieu (geologie, klimaat, flora en fauna), de interne sociaal-culturele context (psychisch, sociaal, economisch, religieus) en de externe sociaal-culturele context (zoals contacten met handelaars, maar bijvoorbeeld ook bezetters). Via de archeologische resten betrappen we de mensen uit het verleden als het ware op heterdaad (terwijl geschreven getuigenissen steeds een interpreterende tussenpersoon veronderstellen). We zien met andere woorden hun gemeenschappelijk gedragspatroon op directe wijze weerspiegeld in de materiële resten.

◂ Zwevende sater en menade
Fresco uit Pompeji

Dit gedrag uit het verleden uit zich op diverse niveaus, al naargelang de functie die de verschillende archeologische objecten hadden.[2]

Er is vooreerst sprake van een infrastructureel niveau, meer bepaald op het vlak van de vitale levensbehoeften en de utilitaire communicatie die ermee samengaat. Mensen worden op dat vlak vooral gezien als organismen met een gemeenschappelijke biologische erfenis en als delen van grotere natuurlijke systemen. De infrastructurele componenten van de cultuur zijn de wijzen waarop wij ons aan deze grotere systemen aanpassen en deze weer zelf beïnvloeden om te kunnen overleven, ons te kunnen voortplanten en het welzijn te handhaven.

Verder heb je het structureel betekenisniveau, waarop een aantal symbolen zoals kledij en allerlei attributen de sociale betrekkingen, rollen en status binnen een gemeenschap kenbaar maken. Statussymbolen hebben op zich geen betekenis, maar danken die aan de personen en groepen voor wie ze een statusfunctie bezitten. In veel traditionele samenlevingen zijn ze, door gebruik of bij wet, tot bijzondere subgroepen beperkt. Sociale en politieke wijzigingen leiden bovendien vaak tot nieuwe symbolen.

Het laatste niveau – het superstructureel niveau – is tegelijk het interessantste, maar voor de archeologie ook het minst vatbare. Superstructuur heeft betrekking op het gebied van waarden, overtuigingen, esthetica, regels, symbolen, rituelen, religies, filosofieën en andere vormen van kennis, met inbegrip van de wetenschap zelf. Hier komen we op het geestelijke, niet direct waarneembare vlak van de 'cultuur' of 'beschaving' zoals die traditioneel opgevat wordt. We hebben meer bepaald te doen met ideologiesymbolen die bedoeld zijn voor de overdracht van gemeenschappelijke religieuze overtuigingen en waarden. Ze werken op die manier bevestigend voor culturele stelsels. Rituelen spelen hierbij een belangrijke rol. Overgangsriten (*rites de passage*) drukken op symbolische wijze de overgangen uit in het leven van individuen, evenals hun veranderde relatie met anderen – bijvoorbeeld geboorte, huwelijk, dood. Intensiveringsriten dienen voor de overdracht van groepsbelangen en het scheppen van solidariteit. Naast de specifiek religieuze ideeën en praktijken kunnen ook sociale, politieke en economische opvattingen de ideologie kleuren.

Deze werkwijze staat evenwel niet haaks op de meer gebruikelijke benadering van de kunstgeschiedenis.[3] De artistieke aspecten worden hier immers beschouwd als het onderdeel waarin hoofdzakelijk of uitsluitend aandacht geschonken wordt aan de materiële resten die een esthetisch karakter dragen (dus op superstructureel niveau), omdat ze door hun rake, mooie, expressieve vorm een meerwaarde gekregen hebben ten opzichte van de gewone materiële resten, zodat het louter functionele karakter overstegen wordt. Op een gelijkaardige manier vormt ook de iconologie een integrerend bestanddeel van het archeologisch onderzoek.[4] Zowel op infrastructureel en structureel vlak als in de superstructurele communicatie speelt de beeldtaal een belangrijke eigen rol. Wie de materiële resten van een bepaalde cultuur bestudeert, schiet dus tekort als hij de eigen taal van de voorstellingen niet onderkent en benut.

De keuze voor een cultureel-antropologische benadering heeft gevolgen voor de ordening van ons verhaal. We zien immers af van de gebruikelijke chronologische of thematische indelingen. De hoofdstukjes spitsen zich integendeel toe op de fasen van de cultureel-antropologische evolutie en schenken daarbij slechts aandacht aan de historische data (bijvoorbeeld vermelding van de heersers) in zover ze relevant zijn voor de interpretatie van het toenmalig menselijk gedrag. Tegelijk proberen we om via een groot aantal terzijdes de meer gebruikelijke literaire en historische benadering in de mate van het mogelijke eveneens aan bod te laten komen. Om die reden is er ook een repertorium opgenomen van mythen, legendes, verhalen, personificaties en personages. Wie de Grieken en Romeinen heeft leren kennen via onderwijs, lectuur, reizen, films en documentaires zal op die wijze niet verstoken blijven van figuren en gebeurtenissen die de eerste kennismaking met de klassieke oudheid zo fascinerend maakten.

I

I

{ *deel 1* }

SITUERING VAN DE GRIEKS-ROMEINSE BESCHAVING

Het karakter en de evolutie van de Grieks-Romeinse beschaving werden in ruime mate bepaald door het landschappelijk kader en de cultureel-antropologische context. Daarom gaan we er in een inleidend eerste hoofdstuk even op in.

~

Landschappelijk kader van Griekenland en Italië

Griekenland

◂ Reliëf van Griekenland

Het landschap van Griekenland is van bijzonder belang geweest voor de vorming van de Griekse materiële cultuur. De geologische situatie wordt immers gekenmerkt door een sterk wisselend reliëf. De plooiingsgebergten lopen in het midden en het westen van Griekenland hoofdzakelijk van noord-noordwest naar zuidoost, in het oosten van west naar oost. Waar ze zich oorspronkelijk tot in Klein-Azië voortzetten, zijn ze ten gevolge van ingewikkelde bewegingen gedeeltelijk onder de zeespiegel verdwenen. Dat leidde tot het ontstaan van de Egeïsche Zee en het typische reliëf van het Griekse vasteland. De eilanden zijn de bergtoppen van dit verzonken land. Griekenland is duidelijk naar het oosten georiënteerd. Dat had voor gevolg dat gedurende de hele oudheid bevoorrechte contacten bestonden met het oostelijk bekken van de Middellandse Zee en met Azië, temeer omdat die gebieden via de eilanden gemakkelijk te bereiken waren. Voor de vaart naar de westelijke gebieden kon daarentegen nauwelijks van gelijkaardige stapstenen gebruik worden gemaakt.

In Griekenland is nooit meer dan één kwart van de oppervlakte geschikt geweest voor menselijke bewoning. Elk woongebied, ook het onbeduidendste, veronderstelde de nabijheid van één of meer bronnen en de aanwezigheid van akkers of weiden (tenzij men beschikte over een goed gevulde visplaats). Alleen in bepaalde streken van Thessalië en Attica en enkele rivierdalen van de Peloponnesus was sprake van uitgestrekte, aaneensluitende vruchtbare gronden. Elders waren de voor bewoning geschikte gebieden schaars en ze lagen bovendien erg verspreid. Door deze toestand kwamen er in Griekenland hoofdzakelijk kleine en geïsoleerde dorpsgemeenschappen tot stand. Stadjes vond je slechts hier en daar. Ze zijn gewoonlijk gegroeid uit de vluchtburchten rond de woningen van de herenboeren. Steden van enige omvang zijn in Griekenland altijd tamelijk zeldzaam geweest. De levensvoorwaarden voor de meerderheid van de Griekse bevolking kun je moeilijk interessant noemen. De landbouw en de veeteelt waren net voldoende voor een uiterst sober bestaan. Een van de uitwegen was sinds de achtste eeuw v.C. de handel met het buitenland. Hier speelde de natuurlijke verbondenheid met de zee een grote rol, temeer omdat er sinds de Myceense tijd een traditie van overzeese relaties bestond.

Italië

In Italië zijn de bergen weliswaar iets minder overheersend, maar toch eveneens sterk bepalend. De Alpen in het noorden schermen Italië namelijk af van de rest van West-Europa en omsluiten tevens, samen met het meest noordelijk gedeelte van de Apennijnen, de grote vlakte in het noorden. Deze Apennijnen, die even

Reliëf van Italië

boven Genua beginnen, dwarsen immers het schiereiland in de richting van de Adriatische Zee. Ze vormen trouwens tot in de hiel van Italië een soort ruggengraat, maar liggen dichter bij de oost- dan de westkust.

Zo blijft aan de oostkant, behalve in Apulië, slechts weinig plaats over voor akkerland en zelfs voor behoorlijke havens, terwijl de westkust bedeeld is met de rijke vlaktes van Latium en Campanië. Daardoor kreeg Italië een uitgesproken agrarisch karakter en werd het aanvankelijk eerder zelf gekoloniseerd – door de Grieken in het zuiden en de Etrusken in het noorden – dan dat het koloniseerde.

Het cultureel-antropologisch kader

We gaan hier, bij wijze van aanloop, na hoe de klassieke beschaving wortelde in de ontluikende bedrijvigheid van de prehistorische mens.

In de vroegste fase van de menselijke geschiedenis nam de kunst maar een kleine plaats in. Tot circa 25.000 v.C. leefden de vroege voedselverzamelaars-jagers-vissers van het occasioneel plukken van vruchten en het vangen van groot wild en vissen. In het glaciale landschap van de aflopende vierde ijstijd leidden ze een nomadisch bestaan langs rivieren en meren. De kunst lijkt zich te hebben beperkt tot sporadische functionele versieringen op het eigen lichaam en op gebruiksvoorwerpen (vooral die in been, ivoor en gewei). De schaarse voorstellingen kun je karakteriseren als ludiek en decoratief.

In een volgende fase gebeurde het plukken van vruchten, het oogsten van wilde granen en het jagen op groot wild systematischer. Materiële sporen wijzen op tijdelijke verblijven in grotten en kampementen, en op een toenemend sociaal en commercieel verkeer. Op het vlak van de kunst is er een plotselinge opbloei van grotschilderingen. Ze getuigen van een eerste, ludieke, vorm van reflectie, van abstraheren via de uitbeelding. Aanvankelijk gebeurde dat vrij gedachteloos en automatisch, vandaar de naturalistische vormgeving. In een verder cognitief stadium kwamen ideoplastische scènes in plaats van de fysioplastische. De evolutie van plastische modellering naar grafische vormgeving, van drie- tot tweedimensionaliteit, van 'kopiëren' tot 'karakteriseren' illustreert hoe de primitieve *homo faber* een *homo ludens* is geworden. De mens is toen blijkbaar voor het eerst een onderscheid gaan maken tussen de dingen zelf en hun aanschijn, tussen de realiteit en haar verschijningsvorm.

De eindfase van het paleolithicum (circa 13.000-8000 v.C.) wordt gekenmerkt door een bestaan tussen jager en boer. De late jagers-plukkers-vissers voedden zich met wilde granen, klein wild, gevogelte en vissen. Daarom werd gekozen voor semipermanente nederzettingen nabij bossen en waters. Toch was er nog geen domesticatie. Men beperkte zich tot het hoeden van jachtwild. In de kunst zette de abstrahering zich verder door: de voorstellingen werden schematischer en zelfs uitgesproken thematisch.

II

II

{ *deel 2* }

INSPIRERENDE VOORLOPERS

Enkele culturen kunnen als voorlopers van de Grieks-Romeinse beschaving worden beschouwd: de Voor-Aziatische en de Egyptische, via economische en culturele contacten; en de Minoïsche en de Myceense, die in het tweede millennium in dezelfde gebieden als de Griekse actief waren.

~

De prikkel vanuit het Nabije Oosten en Egypte

◂
Susa, Boogschuttersfries
Susa, paleis van Darius.
Geglazuurde tegels.
Einde zesde eeuw v.C.

De ingrijpende sociaaleconomische veranderingen van het neolithicum, die zich vanaf circa 8000 v.C. begonnen te voltrekken, waren het eerst zichtbaar in Voor-Azië, en nadien in Egypte. Dankzij de regenlandbouw op de bergflanken konden boeren en herders primitieve nederzettingen realiseren. Zij waren zo de eersten om varkens, schapen, geiten en runderen te domesticeren, en om tarwe, gerst en emmer te cultiveren. Het dier was naast dreiging en prooi nu ook bezit, bondgenoot en zelfs huisvriend. Van dan af is de mens het begrijpen van zichzelf en de omringende wereld gaan uitdrukken via spreekwoorden, verhalen, mythes en religieuze denkbeelden. In de kunst leidde dat eerst tot een op de praktijk gerichte, functionele vormentaal, die in een latere fase vaak een representatief karakter kreeg. Eerst merken we daarbij een mythische of ideologische inslag, terwijl nadien een verklarende dimensie de overhand kreeg. Deze laatste was aanvankelijk metafysisch geaard, later realistisch-positivistisch.

Zowel voor het Oude Nabije Oosten als voor Egypte speelde het autocratisch/hiërarchisch geconcipieerde maatschappijbeeld een sleutelrol: alles stond in dienst van de heersersideologie. Het hoeft niet te verbazen dat ook in de kunst de werkelijkheid naar de hand gezet werd van de machthebbers.

Ninive, leeuwenjacht
Reliëfplaat met leeuwenjacht door koning Assurbanipal, uit Ninive. British Museum. 668-628 v.C. De heerser en een gezel jagen, staande op een strijdwagen, op een leeuw.

Imponerend en mysterieus

Via de analyse van twee concrete voorbeelden van beeldhouwwerk proberen we te achterhalen welke de eigen aard was van de Voor-Aziatische reliëfkunst. In de antieke Voor-Aziatische sculptuur valt, zoals in de boogschuttersfries van Susa (circa 500 v.C., bewaard in het Louvre), het accent veelal op het louter decoratieve. De verglaasde tegels hebben een wazig, week en picturaal karakter. Maar de geometrisch opgebouwde taferelen uit Ninive (668-628 v.C., bewaard in het British Museum) bezitten daarentegen een sterk expressieve waarde. Bij de stervende leeuwin wordt via de schuine zijde van een rechthoekige driehoek op een dynamische wijze de aandacht gericht op de kop van het dier. Zo is de vertwijfelde doodsstrijd realistisch en aangrijpend uitgebeeld. Bij de leeuwenjacht gaat het om een subtiele combinatie van de zelfverzekerdheid uitstralende gelijkbenige driehoek van respectievelijk de rennende paarden en de jagende mannen tegenover de gelijkbenige driehoek van het neerzijgende getroffen dier.

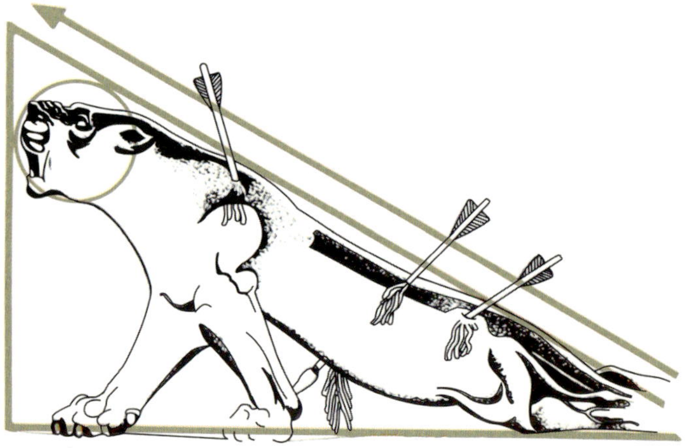

Ninive, stervende leeuwin
Reliëfplaat, uit Ninive. 668-628 v.C.

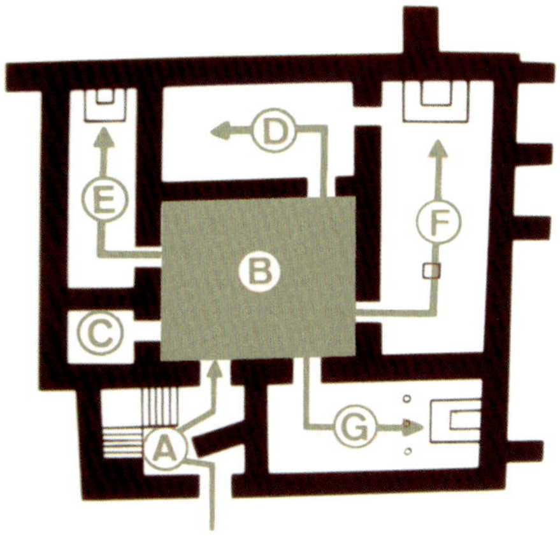

▲

Esj-Nunna
Plattegrond van de 'haardhuistempel' van Esj-Nunna (Tell Asmar), rond 2600 v.C. A Voorhof B Binnenplaats C Ruimte voor de rituele wassingen D Verblijfplaats voor de priesters E, F, G Heiligdommen met altaar. Kenmerken: vierkant; centraalbouw; looplijn van 90°.

▶

Urnammu, ziggoerat
Reconstructietekening

In de Voor-Aziatische architectuur valt vooral het centraliserend en manipulerend karakter op van de cultusgebouwen. Wie in de buurt van een Voor-Aziatische tempeltoren kwam, zal beslist geïmponeerd zijn geweest door zijn monumentaal aanschijn, en – als je er binnentrad – door zijn gesloten en mysterieuze karakter.

De ziggoerat van Urnammu (2112-2095 v.C.) meet 62 bij 43 bij 20 meter en geeft ons een goed beeld van de karakteristieke Assyrisch-Babylonische tempeltorens. De heuvel, waarvan de basis op een plattegrond enigszins gebogen zijden laat zien, wordt bekroond door een rechthoekige tempel en is bereikbaar langs een grote staatsietrap. Het geheel is geconcipieerd volgens het principe van de centraalbouw. Door kleine steunmuurtjes, aangebracht op de verschillende niveaus van de terrasbouw, werd de laterale druk van de aarden massa ondervangen. Maar zo ontstond ook een versieringseffect, doordat de vlakke muur op harmonische wijze ingedeeld en onderbroken wordt door licht- en schaduwspeling, de zogenaamde resalietttechniek.

Elders wordt gekozen voor het semitische type van een huis (en niet voor een hooggelegen tempel met vertrekken die symmetrisch rond een rechthoekig binnenplein geschikt zijn). Dat is reeds het geval voor een primitief neolithisch heiligdom in Çatal Hüyük, dat zoals de toenmalige woningen alleen van bovenaf te bereiken is. Later wordt geopteerd voor een 'haardhuistempel' die slechts toegankelijk is via één deur (met erachter een dwarsmuur), zoals in de vierkante tempel van Esj-Nunna (Tell Asmar). De drie 'heiligdommen' – dat zijn de vertrekken met een altaar op een podium langs een van de smalle zijden – hebben allemaal een deur die zich (zo ver mogelijk van het altaar) in een van de lange zijden bevindt.

Ideologisch en manipulerend

Het was echter vooral de Egyptische kunst die in veel opzichten bepalend is geweest voor de aard en de thematiek van de vroegste Griekse artistieke productie. Dat geldt niet alleen voor de sculptuur maar ook voor de architectuur.

De Egyptische reliëfsculptuur wordt gekenmerkt door een geometrische en abstracte vlakwerking. Dat zien we goed in het zogenaamde Valkmonument, de grafsteen van de 'Slangenkoning' Djet. Deze uit kalksteen van Abydos vervaardigde stèle is 1,50 meter hoog, dateert van rond 2750 v.C. (eerste dynastie) en wordt in het Louvre bewaard. Een in profiel voorgestelde Horusvalk – de rijzende zonnegod die als beschermer van de koning fungeert – vormt het centrum van de hele compositie. De klauwen, die onder een hoek van 90° zijn omgeslagen, rusten op een voetstuk dat iets naar links verschoven werd. Zo staat het dier juist in het midden. Op het voetstuk is het koninklijk paleis afgebeeld. We herkennen de voorgevel met de drie torens (let op de resalietdecoratie) en in het rechthoekige vlak erboven – de weergave van het eigenlijke paleis – de eenvoudig getekende slang (als geheel de pictografische naamaanduiding van de 'Slangenkoning'). De kunstenaar weerde hier bewust de perspectieftoepassing met haar ruimtelijkheid, schaduwwerking, plasticiteit en driedimensionaliteit. Zo verkreeg hij een abstracte, overzichtelijke, monumentale en tweedimensionale vlakwerking.

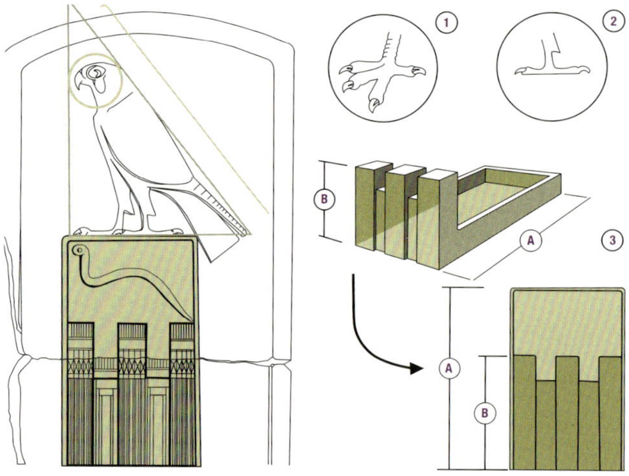

Valkmonument

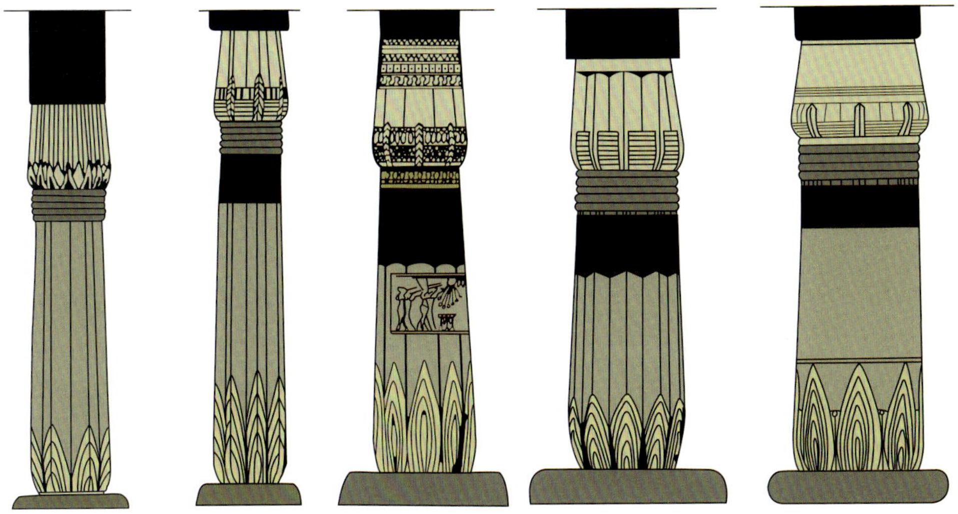

Voorbeelden van Egyptische zuilen

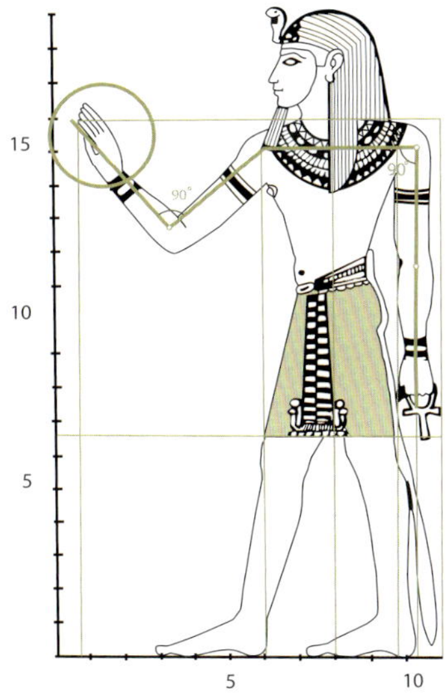

Canonfiguur

De Egyptische papyrusvormige zuilen verschillen met hun gesloten kapitelen fundamenteel van de Grieks-Romeinse. De hier afgebeelde voorbeelden dateren achtereenvolgens uit de vijfde (1), achttiende (2 en 3), de negentiende (4) en de twintigste dynastie (5). De zuilen worden, al naargelang we voortgaan in de tijd, zwaarder in hun verhoudingen. Ook wordt de decoratieve functie van de samenstellende onderdelen (*abacus*, *echinus*, *anuli*, eventueel overgangselement, zuilschacht, krans van papyrusbladeren en basisplaat) steeds sterker beklemtoond. Door die aandacht voor elk onderdeel drukt de zuil als geheel slechts gebrekkig de materiële functie van het ondersteunen uit.

Een canonfiguur uit het Middenrijk toont ons hoe sterk de kunst van de Egyptenaren door conventies gedomineerd kon worden. De figuur wordt bepaald door een verhoudingsmodel volgens een rastersysteem van 19 bij 11 (verwant met wat de 'mooie rechthoek' genoemd wordt, dat is 23 bij 11). Alle onderdelen van het lichaam zijn onder een hoek van 90° steeds zo gedraaid, dat zij altijd de richting van het vlak volgen, en bijgevolg dit vlak nooit ruimtelijk doorbreken. De man is voorgesteld in profiel naar links, inclusief het gezicht. Toch is zijn oog in vooraanzicht getekend. Ook de schouders zijn frontaal gedraaid. De borst – met één tepel – zien we in zijaanzicht. Het bekken is echter opnieuw frontaal afgebeeld, de benen daarentegen – met twee binnenvoeten! – in profiel.

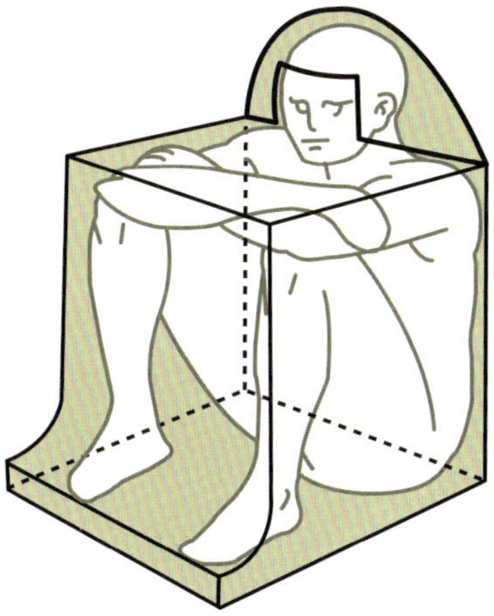

Teerlingenbeeld
Uit Thebe. Ca. 1500 v.C.

De Egyptische volplastische beeldhouwkunst is vooral gekenmerkt door geslotenheid en frontaliteit. De geslotenheid neemt zelfs extreme vormen aan in de zogenaamde teerlingenbeelden. De figuur zit als ingegoten in een kubus of teerling. Dat de zes kubuszijden wel degelijk als vlakken ervaren werden blijkt uit de hiërogliefentekens die erop aangebracht zijn.

Het hoogverheven beeldhouwwerk van koning Mykerinos, omgeven door de godin Hathor en de gouwgodin van Diospolis Parva (grijsgroene schilfersteen, uit de daltempel van Mykerinos bij Gizeh, circa 2400 v.C., bewaard in Caïro), is daarentegen een goed voorbeeld van strenge frontaliteit. Andere kenmerken zijn: monumentaliteit; slanke en bewegingloze figuren; gesloten blokvorm; ideële uitbeelding van dé koning; abstract-hiëratisch karakter; loodrechte lichaamsas, met daarop – onder hoeken van 90° – assen die de gewrichtspunten verbinden: schouders, borst, middel, heup, knieën.

De klassieke opbouw en indeling van een Egyptische tempel kan goed worden nagegaan in de Chonstempel van Karnak. Karakteristiek voor het grondplan en de opbouw zijn: overwicht van de rechte lijn, onderbroken door detailrondingen; overwicht van de horizontale lijn, als gevolg van de architraafbouw; monumentaal en massief karakter (sterkere beklemtoning van het esthetisch volume dan van de bruikbare ruimte); de lengte is groter dan de breedte, en de breedte is groter dan de hoogte (indruk van stabiliteit en soliditeit); naarmate je in de tempel doordringt, worden de afmetingen kleiner: de zoldering verlaagt, de vloer stijgt en de wanden komen dichter bij elkaar (door deze ruimtevermindering voel je je, als in een trechter, gezogen naar de *cella*); parallel daarmee neemt ook de lichtsterkte af (het mysterieuze van de aanwezigheid van de god/farao).

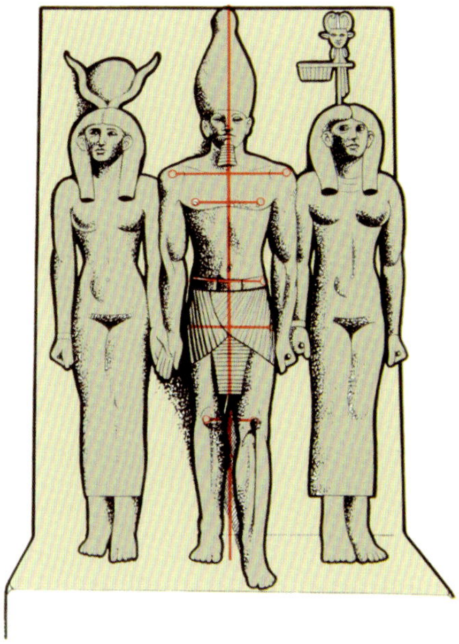

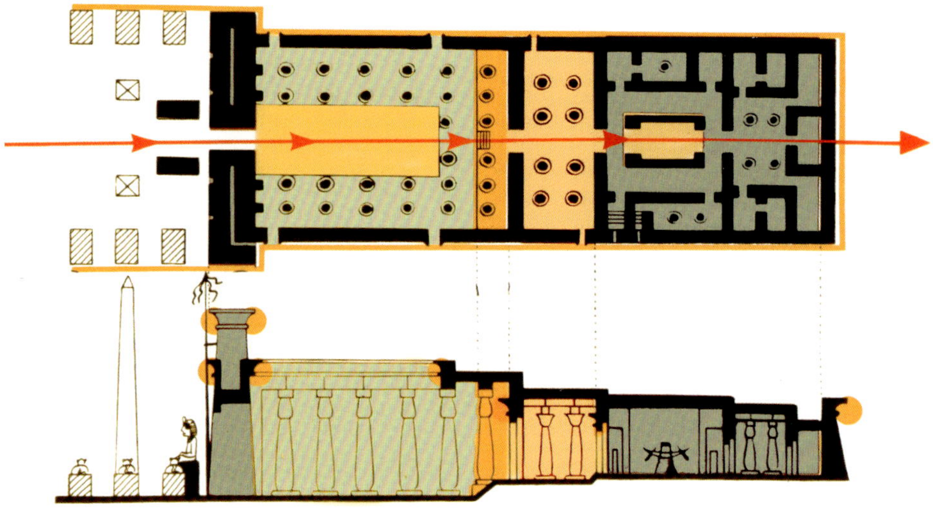

▲

Koning Mykerinos

Koning Mykerinos tussen de godin Hathor en de gouwgodin van Diospolis Parva. Hoogverheven beeldhouwwerk in grijsgroene schilfersteen.

◄

Chonstempel

Plattegrond en doorsnede van de Chonstempel van Ramses III in Karnak (Thebe) van rond 1190 v.C.

Kretenzische levendigheid

De Kretenzisch-Minoïsche beschaving op het eiland Kreta en de Myceense tegenhanger op het Griekse vasteland – grosso modo uit het tweede millennium v.C. – vallen min of meer te vergelijken met de oude Voor-Aziatische en Egyptische cultuur. In Kreta gaat het om een veeleer vrolijke maatschappij van dynamische ondernemers, op het Griekse vasteland daarentegen om de grimmige wereld van de homerische helden. Chronologisch gezien is de Kretenzisch-Minoïsche paleisbeschaving het vroegst doorgebroken, maar ook vroeger tot verval gekomen.

We richten onze aandacht echter eerst uitsluitend op Kreta. De noordkust met zijn vele baaien herbergde tal van havens, wat leidde tot een vlot contact met het Griekse vasteland. Over het geheel van het eiland loopt een lange bergketen, met als enige grote vlakte de Mesará in het zuiden. Niettemin bestaat ook de kuststrook uit vruchtbaar land. Voor het vee waren er weideplaatsen op de vele hoogvlaktes. In de oudheid was Kreta vooral bekend om de uitvoer van cipressen en ander hout voor de scheepsbouw. De winters zijn er zacht, de zomers heet en droog. Vroeger waren er meer bronnen dan nu.

De oudste paleizen uit het protopalatiaal (2000-1700 v.C.), of MM I-II, liggen vooral in Midden-Kreta: Knossos, Phaestus, Zakro, en iets later ook Mallia. De zware aardbeving van 1700 veroorzaakte het einde van deze periode. De verwoeste paleizen werden in het neopalatiaal (1700-1400 v.C.), of MM III - LM II, vervangen door nieuwe en er kwamen andere bij, bijvoorbeeld Hagia Triada. Natuurrampen maakten in het begin van de zestiende eeuw v.C. (MM IIIB) een einde aan de bloeiende Minoïsche beschaving. Kreta lag voortaan open voor Grieken van het vasteland. Kenmerkende vondsten voor deze periode zijn vooral de veelkleurige Kamaresvazen, genoemd naar de antieke cultusgrot op de zuidelijke helling van het Idagebergte. Het gaat om zeer dun aardewerk, waarbij op een donkere ondergrond in wit, oranje en karmozijnrood, versieringen zijn aangebracht met geometrische en gestileerde natuurmotieven zoals blaadjes, rozetten en palmetten.

Paleis van Knossos
1 Noordpropylon 2 Westelijke ingang 3 Centrale binnenplaats (27 x 68 meter) 4 Troonzaal 5 Zaal van de 'Dubbele bijlen' (labrys): labyrint 6 Magazijnen 7 Groot trappenhuis 8 Zuilenzaal 9 69 meter lange processieweg of gang 10 Zuidpropylon 11 Grote pijlerzaal 12 Megaron van de koningin.

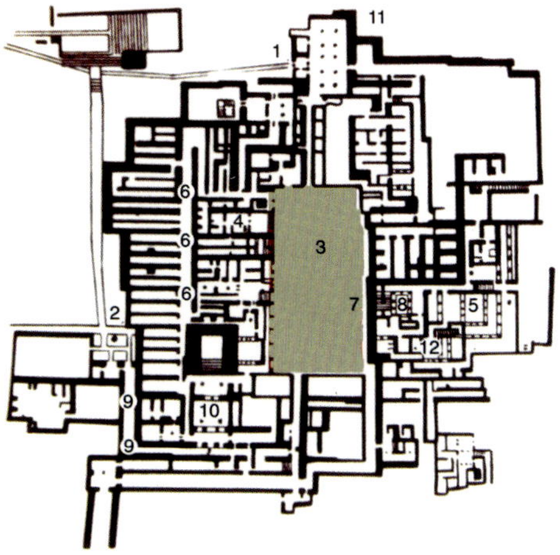

De Minoïsche cultuur kennen we echter vooral uit de tijd van de nieuwe paleizen. De kunst oogde toen gevarieerd en fantasierijk, overeenstemmend met het zorgeloze bestaan van eilandbewoners die met hun schepen de hele mediterrane wereld aandeden en zich nauwelijks hoefden te verdedigen. Ondanks het vaak benauwende aanschijn – fantastische dieren, vreesaanjagende mythes (zoals de Minotaurus), de paleizen die tegelijk riante residenties en haast ontoegankelijke doolhoven zijn (zie het paleis van Minos te Knossos) – straalt die kunst een sfeer van ontspanning en levenslust uit.

Laten we het paleis van Knossos even van naderbij bekijken. De binnenplaats (met in het westen het officiële kwartier, in het oosten het privékwartier) vormt onmiskenbaar het centrum – zodat we het hele paleis als centraalbouw kunnen bestempelen. Toch lijkt het paleis spontaan gegroeid, volgens het principe van de additieve terrasbouw. Comfortabele woon- en werkruimtes sluiten immers zo goed mogelijk bij elkaar aan.

De originaliteit, frisheid en levendigheid van de Kretenzische beschaving blijken ook uit een voorraadpot uit Phaistus, die van rond 1800 v.C. dateert en 0,46

Paleis van Knossos, toegangstrap

Paleis van Knossos, fresco met stierensport en acrobatie

meter hoog is. De drie onderdelen – hals, buik en voet – zijn in een organisch-golvende lijn zodanig tot één levendig geheel gekneed dat de oren er aangegroeid lijken. De cirkelvormige decoratie, met zijn levendige onderverdelingen, volgt de curve van de vaas. Als de vorm en de decoratie, zoals hier, op elkaar afgestemd zijn, spreekt men van het tectonisch principe.

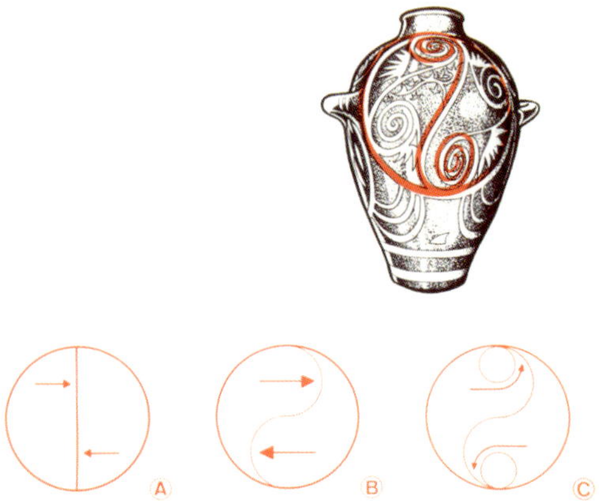

Vaas uit Phaistus
Organisch-regelmatige natuuruitbeelding op een vaas uit Phaistus.
Eerst wordt de cirkel in twee helften verdeeld (A). Deze verticale scheidingslijn is onderhevig aan loodrecht daarop werkende krachten, zodat een grote S-lijn ontstaat (B). Beide uiteinden van deze S-lijn winden zich spiraalsgewijs op en dijen verder uit in andere uitlopertjes (C).

Theseus en de Minotaurus

Na een geslaagde aanval op Athene eiste koning Minos dat elk jaar zeven jongens en zeven meisjes als feestmaal aan de Minotaurus zouden worden aangeboden. Dit monsterlijk wezen, met een stierenkop en een menselijk lichaam, was de zoon van Minos' vrouw Pasiphae en een door Poseidon gezonden stier. Minos had hem opgesloten in het labyrint, een door Daedalus ontworpen doolhof onder het paleis. Theseus verkreeg van de Atheense vorst Aegeus dat hij meegestuurd werd met de zoveelste lichting slachtoffers. De verliefd geworden Ariadne, de dochter van Minos en Pasiphae, bezorgde Theseus de plannen van het labyrint en een touw ('de draad van Ariadne'), waarmee hij de weg terug zou kunnen vinden. Theseus slaagde er, met enige moeite, in om het monster uit te schakelen. Nadien verliet hij Kreta samen met Ariadne, maar hij liet haar kort nadien achter op Naxus.

Op een Atheense wijnschaal zien we hoe Theseus de Minotaurus met het zwaard tracht uit te schakelen. Een fresco uit Herculaneum, dat klaarblijkelijk teruggaat op een Grieks origineel uit de vierde eeuw v.C., toont ons daarentegen Theseus als overwinnaar met de gedode Minotaurus aan zijn voeten en omringd door de geredde Atheners.

Schaal met Theseustaferelen
Roodfigurale Attische drinkschaal van ca. 440 v.C. In het medaillon: Theseus verslaat de Minotaurus. In de rand bovenaan, en vervolgens klokgewijs: worsteling met Cercyon; het Procrustesbed; de rover Sciron; de stier van Poseidon; Sinis, de pijnboombuiger; de wilde zeug van Crommyon.

Nadat Schliemann de resten van Troje meende ontdekt te hebben, startte hij in 1874 opgravingen in Mycene, de moederstad van Agamemnon, de belangrijkste leider van de Grieken die gedurende tien jaren bij de Klein-Aziatische stad gevochten hebben. De opgravingen van Schliemann mogen dan in veel opzichten een waar archeologisch blunderboek zijn, de – voor een deel aangekochte – vondsten die hij aan het licht bracht, hebben de wereld eens en voor goed laten kennismaken met de grimmige wereld van de homerische helden.

Troje

De heuvel Hisarlik-Troje omvat talrijke archeologische lagen, gaande van circa 2750-2300 v.C. tot de Romeinse periode (de Romeinen beschouwden de Trojaan Aeneas immers als hun mythische voorvader). Schliemann identificeerde de burcht uit de tijd 2300-2150 v.C. als de stad van de Trojaanse vorst Priamus. Later onderzoek toonde echter aan dat we daarvoor veeleer moeten denken aan de ruïnes van Troje VIIa (1275-1240 v.C.), een nederzetting die klaarblijkelijk door brand verwoest werd ten tijde van de Trojaanse oorlog.

Als we de in de *Ilias* vermelde namen van de vechtenden nagaan, blijkt dat zowat de hele oostmediterrane wereld bij de strijd betrokken was. Met de Trojanen vochten krijgers uit Tenedus, Dardanië, Thebe, Thracië, Zeleia, Percote, Mysië, Thermodon (Amazonen!), Larisa, Meonië, Oost-Ethiopië, Milete en Lycië. In het kamp van de Grieken hebben we te doen met Achaea, Attica, Salamis, Argolis, Sparta, Messenië, Arcadië, Elis, Ozolisch Locris, Ithaca, Delphi, Phtiotis, Locris, Orchomenus, Ormenius, Euboea, Scyrus, Boeotië, Kreta, Cos, Syme en Rhodus.

◄ Theseus als redder
Fresco uit de zgn. basiliek in Herculaneum.

▼ Leeuwenpoort van Mycene

Mycene

De Myceense beschaving is genoemd naar Mycene, een nederzetting op de Peloponnesus waar de belangrijkste paleisburcht van het toenmalige Griekenland gevestigd was. De 900 meter lange cyclopische muur is in drie periodes ontstaan: een halvemaanvormige ringmuur (circa 1350 v.C., door Perseus?); een zuidwestelijke uitbreiding rond de gravencirkel A en met de Leeuwenpoort (circa 1250 v.C., door Atreus?); en een vergroting in het oosten die het waterreservoir in de nederzetting incorporeerde (circa 1200 v.C.).

De Myceense kunst komt strenger over dan de Minoïsche. Dat hangt samen met de sociaaleconomische context. De 'families' of 'clans' leefden immers in haast onneembare burchtcomplexen, gelegen op

Schathuis van Atreus
Doorsnede van de overkoepelde tholus-ruimte. Van l. naar r.: steunmuren; de dromos of toegangsweg; de koepelruimte; de eigenlijke grafkamer.

een hoogte, om zich te verschansen tegen rivaliserende burchtsteden. Wie zo moet strijden op leven en dood heeft geen tijd voor fantasie, zoekt integendeel af te schrikken en te imponeren. Vandaar de indrukwekkende graven, de dodenmaskers, de wapens, vaatwerk in edelmetaal, constructies zoals de Leeuwenpoort.

Die sfeer van angst en agressie komt misschien nog het best in Tiryns tot uiting. De burcht wordt beschermd door de zware cyclopische muren en door de smalle en goed te verdedigen reeksen toegangen, die als een muizenval opgezet zijn. Hier dus geen paleisachtig lustverblijf zoals op Kreta, maar een afschrikwekkende versterkte burcht.

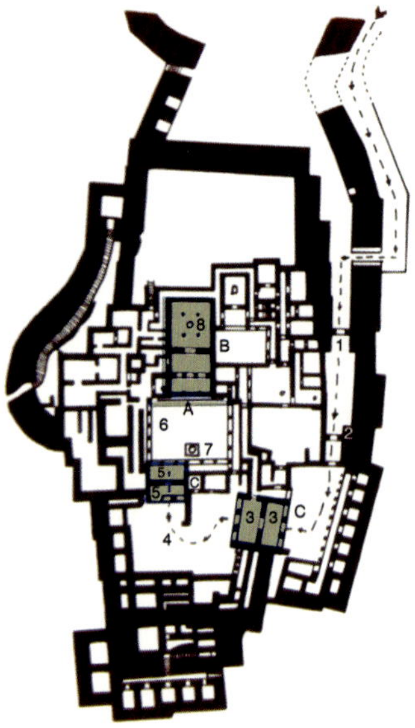

Burcht van Tiryns
Plattegrond van het geheel en van het megaron. Belangrijkste onderdelen: 1 Eerste poort 2 Tweede poort 3 Propylon of poortgebouw 4 Eerste binnenhof 5 Propylon of poortgebouw 6 Centrale binnenhof 7 Altaar 8 Megaron met haard A Gevel A (met Kretenzische, naar boven toe breder wordende zuilen) B Het megaron (11,80 x 9,75 meter), met aithousa en prodromos C De poortgebouwen 3 en 5.

Bronzen Myceense dolk.

Myceens dodenmasker
Gouden dodenmasker uit een schachtgraf in Mycene, volgens Schliemann van Agamemnon. Mogelijk een vervalsing.

Strijd en passies van goden en mensen

Paris was de zoon van Priamus en Hecabe, het vorstenpaar dat over Troje heerste. Omdat voorspeld was dat het kind een gevaar voor Troje zou worden, werd hij op de berg Ida te vondeling gelegd, waar hij door een berin werd gevoed en later opgroeide tussen de herders. Hij werd op een bepaald ogenblik aangewezen om als scheidsrechter te beslissen wie van de drie voor hem paraderende godinnen de mooiste was. Hera spiegelde hem macht voor, Athena wijsheid en roem, maar Aphrodite zou hem de mooiste vrouw ter wereld bezorgen. Deze laatste belofte bleek een schot in de roos: Paris schonk, om zijn beslissing kenbaar te maken, de appel van Eris (de godin van twist en rivaliteit) – onze 'twistappel' – aan Aphrodite. De beloofde schone was Helena, de vrouw van de Spartaan Menelaüs. De rest van het verhaal kennen we als de tienjarige oorlog om Troje.

Paris slaagde er immers in om Helena in te palmen. Hij keerde met zijn geschaakte geliefde, en ook met veel geroofde kostbaarheden, terug naar zijn Klein-Aziatische vaderstad. Nogal wat Griekse vorsten toonden zich solidair met de arme Menelaüs en trokken met een indrukwekkende legermacht naar Troje. De stad leek echter moeilijk in te nemen en ook onderhandelingen liepen op een sisser uit. Het ontaardde helemaal toen een verongelijkte Achilles zich afzijdig hield en zich pas na de dood van zijn vriend Patroclus opnieuw in de strijd mengde. Het tij keerde en de list met het houten paard zorgde ervoor dat de strijd in het voordeel van de Grieken beslecht werd. Troje werd verwoest, en slechts enkelingen zoals Aeneas wisten te ontkomen.

Een van de meest fascinerende personages langs Trojaanse kant is Cassandra, de mooie dochter van Priamus, die zieneres geworden was tegen wil en dank. Nadat ze de liefde van Apollo afgewezen had, zorgde de god ervoor dat niemand haar profetieën geloofde. Het gevolg was onder meer dat ze tevergeefs de val van Troje voorspelde, en ook haar waarschuwing voor het houten paard werd in de wind geslagen.

Het schild van Achilles

In een beroemde passage uit de *Ilias* (18, 478-617) wordt het schild beschreven dat de god Hephaestus voor Achilles smeedde. De scènes op het schild tonen ons een aristocratische gemeenschap ten tijde van het legendarische Troje (dertiende/twaalfde eeuw v.C.), maar blijkbaar ook ten tijde van het archaïsche Griekenland (toen de mondelinge, aan Homerus toegeschreven verhalen verder evolueerden en uiteindelijk tot één epos geredigeerd werden, wellicht in de zevende eeuw v.C.).

De gemeenschap van boeren/krijgers die in het homerische epos opgeroepen wordt, toont ons op een le-

▲

Bruilofsstoet, muzikanten en toeschouwers
Evocatie van de scènes op het schild van Achilles door Leo Fabri.

▶

De profetes Cassandra
Cassandra voorspelt de val van Troje aan Priamus, de jonge Paris en Hector. Fresco uit Pompeji.

vendige wijze hoe we ons het reilen en zeilen in burchtsteden als Mycene en Tiryns moeten voorstellen. Er worden drie thema's uitgebeeld – de hemel, de aarde en de zee – maar alleen de aarde krijgt de volle aandacht. Uit een reeks aanstekelijke tekeningen die Leo Fabri, op mijn aanwijzingen maakte, blijkt hoe visueel de beschrijving van Homerus wel is. [5]

Een eerste groep taferelen speelt zich af in de stad. Eerst wordt het stadsleven in vredestijd opgeroepen. Zo bieden bruiloften Homerus de gelegenheid om de zoomlens te richten op treffende details zoals een feestmaal, een bruiloftsstoet, brandende toortsen, zingende en dansende mensen, muzikanten die de *aulos* (een soort schalmei) en de *phorminx* (een primitieve lier) bespelen, de vanuit het deurgat toekijkende vrouwen. Ook de rechtszaak op de markt levert interessant visueel materiaal op: de twee twistende mannen, de partij kiezende omstanders, de herauten die de orde handhaven, de zetelende rechters, de twee gouden talenten voor de magistraat die het rechtvaardigst oordeelt.

Homerus laat echter ook een tweede stad zien. Hier heerst geen vrede, maar oorlogsgeweld. De stad is aan weerszijden omsingeld door een legerschaar, die duidelijk op verwoesting en buit zint. De burgers zijn echter op alles voorbereid. Vrouwen, kinderen en oudere mannen staan op post op de wallen. De weerbare mannen plannen een uitval en mengen zich nadien in een tumultueus gevecht. Dat zorgt opnieuw voor een aantal sprekende taferelen zoals de groter voorgestelde goden die de oprukkende krijgers aanvoeren, de soldaten in hinderlaag bij de drenkplaats voor het vee, de herders met hun kudde die zich nog niet van het gevaar bewust zijn en de syrinx bespelen, de overval van de herders, het aanstormen van de vijandige troep soldaten en vooral van de ruiters, het krijgstumult met de onheilspellende actieve deelname van de goden Tweedracht en Paniek en de Doodsgodin.

De scènes op het land – een tweede reeks taferelen – blijken al even gevarieerd en levendig voorgesteld. Op de akkers zien we ploegers met hun spannen, bijgestaan door een man die hun een beker wijn aanreikt. Nadien gaat de aandacht uit naar het maaien van het koren en het verzamelen en binden van de schoven, onder toezicht van de koning zelf. Intussen wordt een maal bereid: mannen slachten een os, en vrouwen maken een brij klaar. Nadien wordt ons een blik gegund op de

kleurrijke wijngaard. Daar leidt de vrolijke drukte van de druivenpluk als vanzelf tot een opgewekte dans, onder begeleiding van een lier. Ten slotte krijgen we ook een kudde runderen te zien, met de bijbehorende herders en honden, waarbij niet nagelaten wordt enige aandacht te vragen voor het schitterende landschap: weiden, een riviertje, het rietbos. De rust wordt echter gruwelijk verstoord door de leeuwen die een stier bespringen en uiteenrijten, en het wanhopige blaffen en rennen van de honden. Nadien komt weer rust: in een vallei graast een kudde schapen, in een decor van hutten, stallingen en kooien.

Het laatste onderdeel van de voorstellingen van de aarde toont ons als enige scène de reidans van jongemannen en meisjes. De dansers houden elkaar bij de pols en zijn prachtig gekleed. En verder zien we nog enthousiaste toeschouwers, een lierspeler en twee buitelaars.

◂

Rechtszaak, twist, omsingelde stad, Demonen, ploegers, druivenpluk
Evocatie van de scènes op het schild van Achilles door Leo Fabri.

▴

Feest met dansers, muzikanten en buitelaars
Evocatie van de scènes op het schild van Achilles door Leo Fabri.

III

III

{ deel 3 }

GRIEKSE VERFIJNING EN TEMPERAMENT

Na de inleidende hoofdstukken 1 en 2 staat nu de evolutie van de oostelijk-mediterrane materiële cultuur centraal (gewoonlijk bestempeld als de Griekse beschaving).

De cultureel-antropologische ontwikkeling van de oude Grieken begint met een periode van onzekerheid, om via de heropstanding van de achtste eeuw te leiden tot de archaïsche en vervolgens tot de klassiek-Griekse maatschappij. Vanaf de vierde eeuw zorgen nieuwkomers zoals de Macedoniërs, en nadien de hellenistische heersers voor ingrijpende veranderingen.

Donkere periode (1100-800 v.C.)

◂ Scyphus met twee mythische dieren en een gevleugeld wezen *Corinthisch. Zevende eeuw v.C.*

Vooreerst verdient de globale evolutie in de oostmediterrane gebieden enige aandacht. Rond 1100 v.C. waren de Grieken nog gering in aantal, geïsoleerd en arm. Ze leefden voor het merendeel op het Griekse vasteland of op de eilanden in de onmiddellijke nabijheid. Maar toen Alexander de Grote in 336 v.C. de troon besteeg, vond men Griekse nederzettingen van Spanje tot in Turkije, en van Rusland tot in Egypte. Deze gebiedsuitbreiding ging gepaard met een ongekende economische groei en met structurele wijzigingen. Hoe heeft zich dat uitgedrukt in de materiële cultuur? We vinden sporen van een stel nieuwe productietechnieken, die in wezen onveranderd bleven tot in de middeleeuwen. We stoten vooral op de resten van woonkernen die min of meer correspondeerden met de ongeveer 1500 *poleis* (de zogenaamde stadstaten). Aan de doorsneewoonsite van de Grieken beantwoordde vermoedelijk een bevolkingsaantal van 1500, terwijl de kleinere steden – in het huidige Griekenland worden ze bedacht met de naam *komopolis* of marktdorp – mogelijk tot een gemiddelde van 9000 inwoners opklommen. Slechts enkele steden hadden, althans in de hellenistische periode, de allures van een grootstad, met een bevolkingsaantal van circa een miljoen voor Alexandrië, van circa zeshonderdduizend voor Seleucia, van circa tweehonderdvijftigduizend voor Pergamum, Milete, Antiochië in Syrië en Athene. Maar het Athene van de jaren 550-480 v.C. telde wellicht slechts ongeveer tienduizend inwoners. Enkele steden hadden het karakter van onze commerciële centra. Zo beheerste de haven van Piraeus de handel in de hele mediterrane wereld. Het opvallendste fenomeen is evenwel het doordringen van de Griekse cultuur tot in de kleinste uithoeken, zodat zelfs de minst belangrijke gebruiksvoorwerpen getuigen van de fascinerende Griekse cultuur, die tot vandaag een van de pijlers blijft waarop onze West-Europese beschaving steunt.

De tijd tussen 1100 en 800 v.C. noemen we de donkere periode – *Dark Ages* (middeleeuwen), zegt men in het Engels. De schaarse archeologische resten, die trouwens zowat de enige historische bronnen zijn voor deze periode, wijzen immers op een dieptepunt ten opzichte van de voorgaande Myceense beschaving en de komende Griekse 'heropstanding' van de achtste eeuw v.C. Het bevolkingsaantal daalde drastisch, zelfs met 90% in streken zoals Messenië, die voordien welvarend geweest waren. Na de hoogstandjes van de bronstijd vervielen de technische vaardigheden tot een minimum.

Toch mag deze donkere periode in een dubbel opzicht worden beschouwd als de vormingsperiode van het historische Griekenland. Vooreerst werd toen de politieke en linguïstische kaart van Griekenland helemaal opnieuw getekend tot wat men traditioneel de Dorische, Aeolische en Ionische gebieden noemt. Maar vooral kwam het, in de meer vooruitstrevende gebieden, tot een technologische doorbraak die als de vroege ijzertijd bekendstaat – een benaming die trouwens als alternatief geldt voor de term donkere periode. Was er dan niet op een of andere wijze een Myceense erfenis? Ongetwijfeld, zij het vooral van niet-materiële aard. De oude goden bleven gedeeltelijk bestaan, maar moesten nieuwe goden naast zich dulden, als ze er al niet door naar de achtergrond verdrongen werden. Er ontstonden nieuwe heiligdommen, soms op de plaats waar zich in de bronstijd een cultusplaats bevond. Archeologisch kon echter nergens een continuïteit in de cultus worden aangetoond. Bovendien werden de heiligdommen vaak opgericht op een nog ongebruikt terrein of op één dat in de Myceense tijd een nederzetting huisvestte. De meer volledige, zij het partiële kijk op het verloop van de ontwikkelingen wordt ons door het beschilderd aardewerk geboden. Rond 900 v.C. brak in de meeste streken van Griekenland, van Thessalië tot Carië, de protogeometrische stijl door. De Atheense vaklui waren daarbij de belangrijkste producenten en vermoedelijk ook de initiatiefnemers. Maar zelfs die Atheense productie was nog zeer bescheiden. Zo werden er op de Atheense begraafplaats uit de donkere periode naast bronzen vingerringen en spelden slechts iets meer dan tweehonderd protogeometrische vazen en minder dan twintig andere archaeologica aangetroffen. Belangrijker nog was de invoering van de ijzertechnologie. Rond 800 v.C. waren de meest karakteristieke werktuigen al veeleer van ijzer dan van brons, een gevolg van het tekort aan brons (of liever van tin – brons bestaat uit tin en koper) dat zich rond 1000 v.C. liet voelen. Ten slotte waren er vanaf het begin van de negende eeuw v.C. nog wel andere tekenen van heropleving merkbaar, vooral in de gebieden met oosterse, dat is vermoedelijk Fenicische, connecties. Er werd bijvoorbeeld ivoor, goud en plateelwerk (faience) ingevoerd. Lang in onbruik geraakte technieken als filigraan, granulering en inlegwerk werden opnieuw aangeleerd. Het kwam zelfs tot de vestiging van vaklui uit het Oosten in Kreta en Attica. Maar rond 800 v.C. trokken de Griekse handelaars al zelf naar Al Mina in Syrië en mogelijk ook naar Tarsus in Cilicië, zonder twijfel om er metaal te kopen.

Het geometrisch aardewerk, dat reeds in relatief aanzienlijke hoeveelheden wordt aangetroffen, vormt de basis voor de indeling van de materiële cultuur uit de donkere periode: protogeometrisch (elfde-tiende eeuw v.C.); vroeggeometrisch (900-850 v.C.); middengeometrisch (850-ca. 760 v.C.). Naast de ceramiek is er ook al sprake van architectuur zoals de rechthoekige houten constructies met *peristasis*. We kennen bijvoorbeeld de Heratempel van Samos, een lang, rechthoekig gebouw met zuilenrij in de lengteas, voorafgegaan door zuilen en omgeven door een *peristasis*. Verder bestonden er ook eenvoudige rechthoekige kamers met zadeldak en voorportaal, de zogenaamde antentempel. Het ging om schathuizen en kleine tempels. De beeldhouwkunst beperkt zich tot kleine beeldjes in brons, lood, terracotta, ivoor, waarschijnlijk ook in hout en ijzer (niet bewaard). Voorgesteld zijn menselijke figuren, paarden, runderen, herten, vogels. De vormen ervan zijn vereenvoudigd en geschematiseerd, met weinig aandacht voor de anatomie.

Drinkbeker met oriëntaliserende dierenfries
Corinthisch. Begin zesde eeuw v.C.

Geometrisch aardewerk

Het geometrisch aardewerk dankt zijn naam aan het feit dat de versiering bij voorkeur, maar niet altijd, bestaat uit geometrische patronen zoals driehoeken, vierkanten, zigzaglijnen, meanders, cirkels, spiralen enzovoort. De meeste geometrische vazen komen uit de Atheense pottenbakkerswijk Ceramicus. Maar op de Cycladen, in Boeotië en Ionië vinden we nog tot het midden van de zevende eeuw v.C. geometrische waar.

De protogeometrische ceramiek (elfde-tiende eeuw v.C.) wordt gekenmerkt door de gesloten vormen met een eivormig lichaam met een strakke ronding, dat geleidelijk aan slanker wordt. De open vormen hebben een hoge voet. Bij beide zijn de onderdelen van de vaas duidelijk van elkaar te onderscheiden. De decoratie – donker op licht – bestaat voornamelijk uit reeksen concentrische cirkels en halfcirkels, aangebracht met een passer waaraan een meervoudige borstel bevestigd was. In de laatgeometrische fase (1000-900 v.C.) vinden we bovendien zandlopermotieven, dambordbanden, gearceerde banden en dergelijke, en ook reeds een complexere paneeldecoratie.

Bij de overgang naar de geometrische ceramiek (vroeggeometrisch: 900-850 v.C.; middengeometrisch: 850-circa 760 v.C.) krijgt het aardewerk een donkere achtergrond. De gesloten vormen zijn nu slanker, de hoge voet verdwijnt. De decoratie beperkt zich tot 'vensterpanelen', uitgespaard in de deklaag op hals, schouder en wand; deze panelen worden geleidelijk aan groter; de belangrijkste motieven, aangebracht met meervoudige borstel, zijn de meander en meervoudige zigzagpatronen.

In de laatgeometrische fase (circa 760-700 v.C.) en voor de vazen waarop figuren de geometrische patronen verdringen, zien we een oriëntaliserende invloed met dierenrijen, leeuwen met geheven voorpoot, dieren die tegenover elkaar staan rond een levensboom. De drinkschaal verschijnt als nieuwe vorm. De vazen zijn over het hele oppervlak versierd in een donker-oplichttechniek (enkele groepen blijven donkergrondig, met beperkte versiering). Figuurlijke voorstellingen beginnen een belangrijke plaats in te nemen. Aanvankelijk zijn ze beperkt tot panelen of zones en gaan ze samen met geometrische motieven. Later komen er vazen waarop de figuren de geometrische decoratie verdringen. De figuren kunnen sterk gestileerd zijn, met driehoekige romp, in silhouet; het oog is soms aangegeven door een uitgespaard cirkeltje. De voorstellingen zijn vaak funerair (dat is met betrekking tot de begraving): *prothesis*-scènes; optochten van gewapende krijgers; wagenoptochten. De betekenis van dergelijke voorstellingen is erg omstreden: aristocratische begrafenisriten? Heroïsche riten? Er bestaan ook mythische voorstellingen (onder meer centauren en niet of moeilijk te identificeren personages).

Griekse heropstanding (achtste eeuw v.C.)

De achtste eeuw v.C. was een periode van snelle en verregaande innovaties, klaarblijkelijk veroorzaakt door de bevolkingsaangroei. Opvallend was vooral de agrarische evolutie (getuige onder meer de miniatuurgraanschuren in de rijke Attische graven), die in de hand gewerkt werd door de ijzertechnologie. Griekenland en de kust van Klein-Azië beschikten evenwel over weinig akkerland – zelfs nog minder dan vandaag, want het vruchtbare alluviale laagland aan de kust was er nog niet. Vanaf circa 750 tot 550 v.C. zorgde de bevolkingsdruk dan ook voor een aanhoudende emigratiegolf. Deze 'kolonisatie' bleef in hoofdzaak beperkt tot de vertrouwde klimaatgordel tussen de breedtegraden 35° en 45°. De handelaars, vooral die van Euboea, effenden het pad. Ze werden snel gevolgd door landbouwerskolonisten, die vooral uit de Peloponnesus afkomstig waren. Rond 750 v.C.

▸
Geometrische grafamfoor met prothesisscène
Athene, Dipylonbegraafplaats. Ca. 770 v.C.

vestigden Grieken zich voor het eerst in Italië. Uit contacten met het Europa van de urnenveldencultuur – een algemene benaming voor de culturen van de late bronstijd met crematieritus – wisten in de eerste plaats de Griekse bronsbewerkers voordelen te halen.

Toch kwam de grootste stimulans uit het Oosten. Via het Fenicisch tekensysteem zonder klinkers creëerden de Grieken omstreeks 775 v.C. het eerste volledig fonetische alfabetisch schrift, wat ontstaan gaf aan de oudste graffiti en poëzie. In de kunst nam rond 700 v.C. de 'oriëntaliserende' fase een aanvang. De geest was Grieks, de smaak oosters. De oriëntaliserende zwartfigurale stijl die de Corinthische schilders rond 720 v.C. tot ontwikkeling brachten, laat een voorkeur zien voor dierenfriezen en florale versieringen (in silhouet, met ingesneden details). Nog markanter zijn de grote bronzen ketels met handvatten in de vorm van sirenen of griffioenkoppen (*protomai*), die als votiefgiften in Olympia, Delphi en andere heiligdommen geschonken werden.

Nog niet helemaal duidelijk is de rol van het Frygische koninkrijk, dat Gordium als centrum had. De Aeolische Grieken hadden er een gemeenschappelijke grens mee, en werden er wellicht door Frygië van weerhouden zich in de Propontis te vestigen. Er was in elk geval een wederzijdse beïnvloeding, onder meer merkbaar enerzijds in het Frygische alfabet en het beschilderde aardewerk, en anderzijds de import van Frygische types van bronzen schotels, ketels, gordelbanden en sierspelden (*fibulae*), en mogelijk zelfs van weefsels. De archeologie lijkt de traditie te bevestigen (overgeleverd door Herodotus) dat Midas van Frygië de eerste oosterse heerser was die offers bracht in Delphi.

De vernieuwing in verband met de stadsplanning en de architectuur – twee sectoren die met elkaar verbonden zijn – is in wezen een eigen Griekse schepping. In de achtste eeuw v.C. werd namelijk getracht de tegenstelling weg te werken tussen stad en platteland, wat ontstaan gaf aan de *polis* of stadstaat. De oudste stedelijke centra op het Griekse vasteland ontwikkelden zich uit de centrale toevluchtsoorden van het *acropolis*-genre. In de koloniale stichtingen daarentegen werd er, zowel in de stad als op het platteland, geopteerd voor een duidelijker planning. Toch waren versterkte omheiningsmuren in de Griekse steden nog zeldzaam in de achtste eeuw v.C. – we kennen voorbeelden in Halieis, Siphnus, ZAgora (Andros), Phaestus, Methymna, Smyrna en Troje – en tot aan de vijfde eeuw v.C. nauwelijks aanwezig.

Die zin voor ordening geldt ook voor de huisarchitectuur. In de achtste eeuw v.C. kennen we alleen woningen zoals de groepen huizen met één kamer in ZAgora. Deze danken hun bewaring aan het feit dat men in het Cycladisch gebied steen benutte, daar waar op het Griekse en Klein-Aziatische vasteland gebruik werd gemaakt van droge tegels of bakstenen (= leem gedroogd in de zon).

◂

Griffioenvormig aanzetstuk van bronzen ketel
Uit Olympia. Begin zevende eeuw v.C.

De tempels daarentegen kregen al vanaf de achtste eeuw v.C. een monumentaal karakter. In het begin van die eeuw richtten de Samiërs een *hecatompedon* op voor hun beschermgodin Hera. Iets later dan 750 v.C. omringden ze het gebouw met een zuilenrij in hout, waardoor de eerste *peripterus*-tempel tot stand kwam. Een halve eeuw later bouwden de Corinthiërs voor hun god Poseidon een tempel waarvan de stenen muren bezet waren met beschilderde stuccopanelen (pleisterkalk), en waarvan de zuilen rond de *cella* en de bovenbouw beschouwd mogen worden als het prototype van de Dorische architectuurstijl.

Uitbundig Corinthe

De 6 kilometer brede landengte van Corinthe, die de Peloponnesus met de rest van Griekenland verbindt, wordt gewoonlijk de Isthmus genoemd (*isthmos* is het Griekse woord voor landengte). De Isthmus was niet alleen belangrijk als verbindingsweg te land en ter zee, maar ook als verdedigingslijn bij aanvallen op de Peloponnesus. De landengte werd daarom al in de Myceense tijd met een muur versterkt, en kreeg in 480 v.C. een nieuwe muur die de Perzen moest tegenhouden. Reeds in de oudheid werd verschillende keren geprobeerd de Isthmus te doorgraven. Men wist zich echter behoorlijk te behelpen met de *diolkos* of sleepbaan, die sinds de zesde eeuw v.C. functioneerde. Zo werden de schepen van de Golf van Corinthe naar de Saronische Golf gesleept en gerold, en omgekeerd. Ten zuiden van het oostelijke uiteinde van het huidige kanaal zijn grote delen blootgelegd van het uitgestrekte Poseidonheiligdom met zijn tempels, stadion, theater en thermen. Na de Olympische Spelen waren de Panhelleense Spelen ter ere van Poseidon en Palaemon het belangrijkste festival van Griekenland.

De antieke stad Corinthe staat nu als Oud-Corinthe bekend, en is ongeveer 7 kilometer ten zuiden van Nieuw-Corinthe gelegen. Het stadsgebied strekte zich uit op de terrassen die afdalen van de noordelijke voet van de 574 meter hoge Acrocorinthus (de burchtheuvel). Het kreeg reeds in de zesde eeuw v.C. een omheining in droge baksteen, later vervangen door stenen muren.

▲
Aryballus en alabastra
uit Corinthe
Einde zevende eeuw v.C.

▶
Schenkkan met dierenfries
Einde zevende eeuw v.C.

De eigenlijke stad was door een met lange muren beschermde strook verbonden met de noordelijke haven Lechaeum, 3 kilometer daarvandaan. En op 9 kilometer van de moederstad bevond zich de oostelijke haven Cenchreae. Met de circa 500 hectare voor de eigenlijke stad, en 750 ha voor het hele stadsgebied was Corinthe de meest uitgestrekte polis van Griekenland.

Het uitbundige en commercieel georiënteerde Corinthe verschilde erg van het cultureel gekleurde Athene. De rijke havenstad bezat een grote aantrekkingskracht, zoals het gezegde 'een dure bootreis naar Corinthe is niet voor iedereen weggelegd' bewijst. Een van de verlokkingen was de heilige prostitutie op de burcht, als onderdeel van de verering van Aphrodite. Het werkwoord *korinthiazomai* ('een dagje Corinthe') werd zelfs begrepen als 'uit zijn op ontucht'. Het moet er verder hebben gekrioeld van de heiligdommen en de bijbehorende culten. En bij opgravingen kwam er zelfs een heus ontspanningsoord (Lerna) aan het licht.

Het kosmopolitisch karakter van Corinthe blijkt misschien nog het best uit de vaasproductie. Het begon met de kleine *aryballi* en *alabastra*. Een aryballus is een eivormige of dikbuikige flacon, vaak met bolronde bodem. Een alabastron is daarentegen een lange en dunne flacon, eveneens veelal met een bolronde bodem. Beide hadden een smalle halsopening omgeven door een platte schijfvormige rand. Daarmee konden de atleten zich makkelijk inwrijven en masseren met de geparfumeerde olie waarvan Corinthe de belangrijkste producent was. Aanvankelijk beperkte de versiering zich tot één enkele figuur zoals een vogel of een vis. De experimenten met complexere scènes zoals jacht- en gevechtstaferelen waren maar een kort leven beschoren, vermoedelijk omdat ze te arbeidsintensief waren en men de klanten niet snel genoeg kon bedienen. De aan het Nabije Oosten ontleende motieven kregen een tweede leven met leeuwen en panters rond een godin of mythisch wezen.

◂

Pyxis met fries van vogelsfinksen en dieren
Corinthisch. Ca. 570 v.C.

▸

Aryballus met sfinks en zwaan.
Corinthisch. Begin zesde eeuw.

De Griekse Spelen

Officieel gingen de eerste Olympische Spelen in 776 v.C. van start, en wellicht werden ook de andere drie Panhelleense Spelen en de Panatheneïsche Spelen al in de zesde eeuw v.C. officieel georganiseerd (de eerste Pythische Spelen in Delphi in 590 v.C., definitieve organisatie van de Isthmische Spelen in 582 of 581, de eerste Nemeïsche Spelen in 570 v.C., en Pisistratus voerde in 566/565 v.C. de Grote Panathenaea in). Alle spelen hebben te maken met oeroude heiligdommen die minstens tot de donkere periode opklimmen. Qua oorsprong vormden de dodenspelen wellicht, zoals in Etrurië, de aanleiding voor dergelijke festiviteiten die bij het begrafenisritueel en de heroëncultus hoorden. Zelfs als sportieve activiteiten de hoofdbrok vormden, wogen de religieuze aspecten blijkbaar toch sterk door. En in elk geval mag niet uit het oog worden verloren dat ook de sociaal-culturele context een grote rol speelde. De Griekse enkelingen en gemeenschappen hechtten immers een bijzonder belang aan hun autarkie, hun autonomie. Daarom wensten ze zowel spiritueel als fysiek te excelleren. Deze 'agonale' dimensie paste dan ook volledig in de opleiding van de jeugd tot weerbaarheid en in de positionering van de vele stadstaten tegenover elkaar en de buitenwereld. Wat voor ons overkomt als sport en spel was voor de Grieken bittere noodzaak, met het oog op de mentale en lichamelijke training van het individu en de gemeenschap, maar ook van het tot stand brengen van de culturele panhelleense identiteit (terwijl ze politiek hopeloos versplinterd waren). De getuigenissen over sport en spel zijn daarom maar in beperkte mate informatief omtrent het denken en doen van de oude Grieken, maar kaderen in ruime mate in de propaganda (vooral via architectuur, literatuur en beeldtaal) waarmee de burgers en de stadstaten in hun geheel een assertief beeld van zichzelf wensten te creëren.

Wat meer specifiek de vier Panhelleense en de Atheneïsche Spelen betreft mag niet uit het oog worden ver-

Speerdrager van Polycletus
Napels, Museo Nazionale. 440 v.C.

loren dat de diverse getuigenissen minstens tien eeuwen bestrijken (van de zogenaamde Homerische tot de Romeinse tijd). Het is bijgevolg evident dat de grote lijnen van de geschiedenis, en zeker de maatschappelijke ontwikkelingen, hun sporen hebben nagelaten in de conci-piëring en perceptie van de spelen: eerst corresponderend met het aristocratisch patroon van de vroege mythisch-religieuze fase; vervolgens als reactie op de democratische idealen van het rationeel-metafysisch georiënteerde klassieke Griekenland; en vervolgens onder invloed van de meer materialistisch ingestelde brood-en-spelenmentaliteit van de hellenistisch-Romeinse maatschappij. Pindarus vertolkt uitstekend de factoren die bepalend waren voor de ontstaansperiode. Op de Attische vazen vinden we veeleer een reflectie van de klassieke idealen. Pausanias ten slotte confronteert ons met de ingesteldheid en praktijken van de eindfase.

De tweejaarlijkse Isthmische Spelen danken hun maritiem karakter aan de nabijgelegen havenstad Corinthe. Zo was de hele streek aan de zeegod Poseidon gewijd. En volgens Pausanias waren alle beelden in de tempel van Poseidon goden of wezens die de zee voorstellen: Tritonen, dolfijnen, Amphitrite, Nereïden, de zee zelf, en de zonen van Tyndareüs (Castor en Pollux, de beschermers van de zeelieden). Verder stond er naast het Poseidonheiligdom een kleine tempel voor Palaemon of Melicertes, bekend van een ontroerend en tragisch verhaal. Diens moeder Ino benam zich op een goede dag het leven door zich van de hoge rotsen bij Megara in de zee te storten. Ze nam haar zoontje mee in de dood. Het lichaam van het verdronken kind werd opgenomen door een dolfijn, die het op de oever legde om te worden begraven. De dolfijn komt in tal van Griekse verhalen voor, onder meer doordat Poseidon de gestalte van een dolfijn verkoos om zich in de golven of op de oevers te verenigen met zijn sterfelijke geliefden. De Isthmische Spelen omvatten zowel sportieve als artistieke prestaties. De prijs bestond uit een krans van selderie en honderd drachmen uit de Attische staatskas voor elke Athener

Wagenmenner van Delphi
Bronzen wijgeschenk van de Siciliaanse vorst Polyzalus. 474 v.C.

die een overwinning behaalde.

Ook voor de Nemeïsche Spelen, in het noordoosten van de Peloponnesus, is het mythisch verhaal – de strijd van Heracles met de leeuw – niet van grond ontbloot: er leefden ooit leeuwen in de streek. En ook vandaag herinneren sommige gegevens ons aan Heracles, zoals de fruitige rode wijn die als 'bloed van Heracles' bestempeld wordt en de naam van het dorp Heraklion. Aanvankelijk had Cleonae, later Argos de leiding over de spelen. De Nemeïsche Spelen volgden het patroon van de Olympische, maar waren minder groots opgezet. Ze wekten vooral interesse bij deelnemers uit de Peloponnesus. De prijs bestond uit een krans van wilde peterselie.

De vierjaarlijkse Olympische Spelen ter ere van de oppergod Zeus waren zowat marktleider. Ze waren toegankelijk voor alle vrije Grieken die geen strafregister hadden. Sinds 472 v.C. heerste er gedurende een periode van ongeveer twee maanden een godsvrede. De spelen vonden plaats in het stadion nabij het tempelgebied. De eerste en de laatste dag waren gereserveerd voor offers en feestelijkheden, de drie overblijvende dagen voor het afwerken van het wedstrijdprogramma. In het begin ging het alleen om de stadionloop van circa 190 meter, maar na korte tijd kwamen daar onder meer de *diaulos* of dubbele stadionloop (circa 400 meter) en de *dolichos* (circa 1150, of 2300, soms 4000 meter) bovenop. Andere disciplines waren het worstelen, de vijfkamp (worstelen, hardlopen, verspringen, discus- en speerwerpen), boksen, wagenrennen en paardensport, en *pankration* (een combinatie van boksen en worstelen). De organisatie berustte aanvankelijk bij Pisa, later bij Elis. Wie overwon ontving een laurierkrans, een feestmaal en het recht op een standbeeld in het heilig domein (*Altis*). Muzische activiteiten door redenaars en schrijvers gebeurden alleen in de marge van de spelen.

De Pythische Spelen in Delphi (eerst om de acht jaar, later vierjaarlijks) waren duidelijk veel meer dan een bijeenkomst om elkaar in wedstrijden te bekampen. En eigenlijk mag je zelfs stellen dat Delphi, meer nog dan Olympia, de morele leider was van de Griekse Spelen. De god Apollo Pythius zou zelf dit feest hebben ingesteld ter herinnering aan zijn overwinning op de draak Python. In Delphi prevaleerde het religieuze op het agonistische. Het meten van de Grieken met zichzelf werd gezien als de worsteling tussen orde en chaos, verpersoonlijkt door Apollo en de Python (deze voorloper van Dionysus). Aanvankelijk bestond het festival slechts uit een muzische kamp, meer bepaald het voordragen van een *nomos*, een sololied met citharabegeleiding ter ere van Apollo. Vrij snel kwamen nog andere muzische agonen aan bod (instrumentale *nomoi* en koorzang), en wat later ook atletiekwedstrijden (in het nabijgelegen stadion) en wagenrennen (in de vlakte van Crisa). De prijs was ook hier een laurierkrans en het recht op een standbeeld in het heiligdom. Het enige bewaarde beeld is de Wagenmenner Polyzalus, tiran van Gela, die met zijn vierspan de overwinning behaalde.

De Panatheneïsche Spelen ten slotte hebben een beperkter karakter. Het feest ter ere van de Atheense stadsgodin werd jaarlijks gevierd, maar sinds de zesde eeuw v.C. gebeurde dat slechts om de vier jaar met grote plechtigheid (Grote Panathenaeën). Alles begon met een nachtelijk feest op de Acropolis met dansende jonge mannen en vrouwen. Het belangrijkste ogenblik was echter de plechtige processie op de volgende dag. Een door Atheense meisjes geweven wollen mantel werd op een wagen naar het Erechtheum gebracht, om er het beeld van Athena Polias mee te bekleden. De optocht, die bij de Dipylonpoort vertrok, werd gevormd door jongemannen te paard, krijgslieden, overwinnaars in de spelen, gezanten van andere steden, meisjes met offergaven, offerdieren en ten slotte Atheense burgers. Nadien werd bij een groot offerfeest het vlees van de geslachte dieren uitgedeeld. De wedstrijden tijdens de Grote Panathenaeën omvatten niet alleen sport, maar ook literatuur en muziek. Overwinnaars kregen als prijs een zogenaamde panatheneïsche amfoor, die gevuld was met de olie van de heilige olijfbomen. Deze zwartfigurale slanke kruiken tonen steeds op de ene zijde Athena in volle wapenrusting, en op de andere de winnaar van een bepaalde discipline.

▸

Panatheneïsche amfoor met voorstelling van loopwedstrijd
363-362 v.C.

Het Frygische koninkrijk werd in het begin van de zevende eeuw v.C. platgelopen door de plunderende Cimmeriërs, een Iraans-Thracisch ruitervolk. De leidinggevende rol van de Frygiërs werd overgenomen door het Lydisch koninkrijk, waarvan de hoofdstad, Sardes, ten opzichte van Smyrna 100 kilometer verder landinwaarts lag. Via hun technische voorsprong lukte het de Grieken om de best uitgeruste krijger in de oostmediterrane gebieden te leveren, met name de hopliet, dat is een zwaarbewapende soldaat te voet. De Griekse hoplieten waren zeer gewild als huurlingen. Ze stonden bijvoorbeeld in dienst van oosterse heersers in Lydië, Syrië, Egypte en Palestina. Binnen in de gebieden logeerden ze in half permanente kampen. Het oudste van die huurlingenkampen was mogelijk dat van Dascylium, in de Propontis. Er werd Grieks aardewerk van rond 675 v.C. aangetroffen.

Toch was Dascylium niet veel ouder dan Cyzicus, de eerste onafhankelijke landbouwnederzetting die de Grieken in het Zwarte Zeegebied tot stand brachten. Maar de stad die in de Oost-Griekse regio de toon aangaf was Milete. De overlevering schreef aan die stad maar liefst de stichting van negentig kolonies in het Zwarte Zeegebied toe. Zoals in het Westen gingen aan de eigenlijke vestigingen commerciële en andere contacten vooraf. Het feit echter dat de kolonisatie in twee golven moest gebeuren – een eerste tussen circa 1150 en 950, een tweede tussen circa 750 en 550 v.C. – wijst op de grotere moeilijkheden die men in dit noordelijk gebied ondervond. Er waren vooral de navigatieproblemen in de flessenhalzen van de Hellespont (Dardanellen) en de Bosporus. De Grieken bouwden trouwens pas in die tijd de *emporos*. Het werd door de wind voortgedreven en kon een snelheid van zes knopen halen. Op het einde van de zevende eeuw v.C. stichtten de Griekse handelslui in de Nijldelta het belangrijke handelscentrum Naucratis. Met deze handelshaven legden ze een band tussen de uiteenlopende economische systemen van de Grieken en de Egyptenaren.

Zowel in Egypte als in het Zwarte Zeegebied waren de eerste immigranten, of het nu om echte kolonisten of handelaars ging, Oost-Grieken. Rhodus en Chius verdrongen op gelijkaardige wijze Corinthe als leidinggevend exportcentrum van het verfijnde aardewerk, terwijl Athene het tegen Chius en Lesbus moest afleggen wat de productie van amforen betreft (de courante recipiënten, vooral bestemd voor olie en wijn).

De Oost-Griekse opmars drukte zich ook uit in de bloei van steden als Samos en Smyrna. Na een overstroming rond 660 v.C. kreeg het Samische Heraheiligdom zijn zesde opeenvolgende altaar, zijn derde tempel en een van de vroegste voorbeelden van een Griekse *stoa*. Bij opgravingen vond men veel votiefgiften, waarvan die in hout speciaal te vermelden zijn. In Smyrna stellen we een rudimentair stadsplan vast, rechthoekige huizen met een portaal en twee kamers, een elegant fonteinhuis met overkragende friezen en een opmerkelijke stadswal (die bestaat uit steentjes ingebed in klei, achter een façade van massieve blokken).

▸ Vechtende hoplieten

De imposante verdedigingsmuur van Smyrna bood echter onvoldoende beveiliging tegen een Lydische aanval rond 600 v.C. – getuige de bres die geconstateerd werd. En rond 550 v.C. waren, op Milete na, alle Aziatische Grieken ondergeschikt aan Lydië. Ook de culturele betrekkingen verliepen volgens een eenrichtingsver-

keer. De beste Griekse architecten en ambachtslui stonden in dienst van de Lydische monarchen. Ze werden, zoals huurlingen, betaald met de munt die Lydië op het einde van de zevende eeuw v.C. creëerde. Lydië zelf kende geen eigen artistieke activiteiten, maar hield het bij sponsoring. Toen de Efeziërs rond 560 v.C. de reusachtige (115 bij 55 meter!) Ionische Artemistempel bouwden, kon Croesus verleid worden tot het betalen van enkele van de vele zuilen. Hoewel de nabijgelegen tempels van Hera in Samos en van Apollo in Didyma nauwelijks hoefden onder te doen, was de marmeren tempel in Efeze het grootste gebouw in de Griekse wereld. Vooral qua structuur en gewicht was hij een waagstuk. Terloops: technologische durf vinden we bij de Grieken altijd vlugger voor religieuze dan voor profane doeleinden.

Sinds 700 v.C. verliep de economische en culturele ontwikkeling van het Griekse vasteland en die van de eilanden onafhankelijk van elkaar, maar parallel. Bepalend daarbij waren vooral de nauwe contacten met het Nabij Oosten. Zo gaf vanaf circa 675 v.C. een Syrische vorm of moule aanleiding tot de massaproductie van goedkope terracottafiguurtjes in de oriëntaliserende daedalische stijl (Daedalus wordt beschouwd als de uitvinder van het kunsthandwerk, vandaar deze benaming voor de oudste sculpturen). Een van de leidinggevende daedalische centra was het eiland Kreta. Typisch voor de beeldjes in de daedalische stijl zijn het haar in tressen, de grote ogen en de scherpe neus. Het lichaam van de vrouwen is geometrisch platgedrukt, met een brede taille en de kledij is vormeloos. Deze stijl vinden we ook op terracottaplaatjes en in de reliëfversiering op vazen.

Precies op Kreta werd, rond 650 v.C., deze stijl aangepast voor het maken van monumentale beelden in kalksteen. En kort nadien werd de oudste bekende marmeren *korè* (letterlijk: meisje, jonge vrouw) op Delus als wijgeschenk geschonken door een meisje uit Naxus, het eiland bekend van zijn marmergroeven. Rond 625 v.C. kreeg de geklede *korè* een naakte mannelijke tegenhanger, de *kouros* of *koros* (letterlijk: jongeman).

De marmerbewerking vereiste nieuwe geperfectioneerde werktuigen zoals de tandenbeitel, die rond 550 v.C. was uitgevonden. En voor moderne (en zelfs voor middeleeuwse) ogen mag de Griekse beschaving niet bepaald hebben uitgeblonken op het vlak van de landbouw, transport en de meeste fabricatietechnieken, maar op terreinen zoals de tempelbouw en de monumentale beeldhouwkunst vond in de loop van de zesde eeuw v.C. een expansie plaats met een factor van drie ten opzichte van de zevende eeuw v.C.

Buiten de Oost-Griekse steden was Megara de enige staat die kolonies had in het Zwarte Zeegebied (rond 650 v.C.: Byzantium en Chalcedon), Aegina de enige die deelnam aan de stichting van Naucratis in Egypte. Beide steden werden

◂

Daedalische sculptuur

▾

Dame van Auxerre
Korèbeeld (wellicht uit Kreta). Ca. 640-630.

▸

Twee kouroi uit Delphi
Uit het Apolloheiligdom in Delphi. Vroege zesde eeuw v.C. Soms Cleobis en Biton genoemd, de zonen van de Herapriesteres in Samos. Toen de ossen, die hun moeder voor een offerplechtigheid op een wagen naar de tempel zouden trekken, niet op tijd waren, trokken de jongens zelf de wagen.

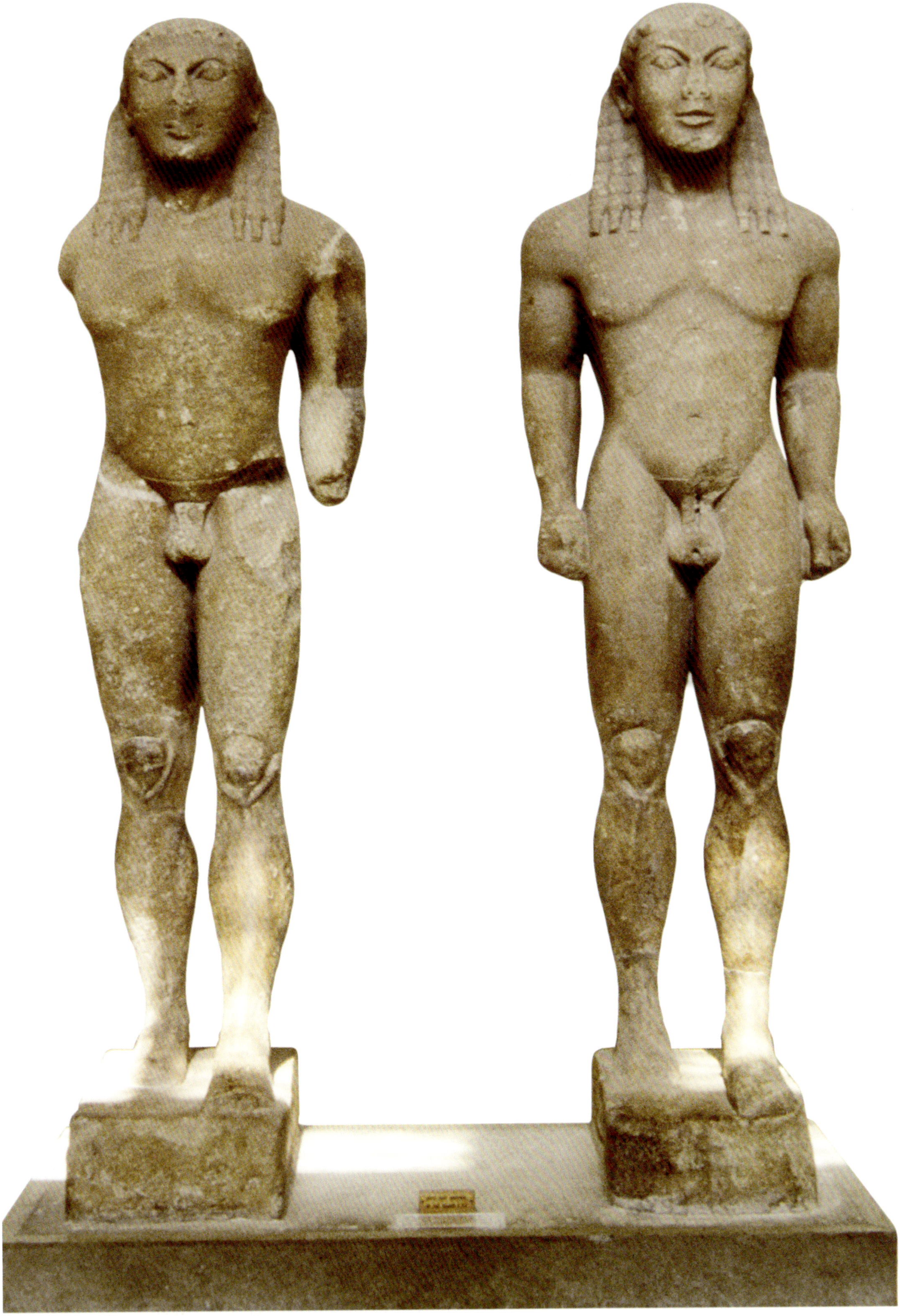

echter overvleugeld door Corinthe dat het grootste aandeel had in de ontwikkeling van de Dorische stijl in de tempelbouw, dat het eerste echt industriële kwartier in een Griekse stad realiseerde, dat het eerste schathuis in het panhelleense heiligdom van Delphi oprichtte, dat een stenen scheepshelling door de Corinthische landengte heen aanlegde en een grote haven in Lechaeum – dat allemaal op het einde van de zevende of in het begin van de zesde eeuw v.C. De culturele positie van Corinthe rond 600 v.C. was dus te vergelijken met die van Athene in de vijfde eeuw v.C. Een voorteken van de machtsovername door zijn Attische buur was de overklassing rond 550 v.C. van het verfijnde Corinthische aardewerk door de producten van zijn Atheense rivaal. Op dat ogenblik kende Athene trouwens een periode van economische bloei onder het regime van Pisistratus (560-527). Nadien ontaardde het bestuur tot tirannie onder diens zoon Hippias.

▸

Peploskorè
Ca. 540-530 v. C.

▸▸

Egyptische priester en Attische kouros
Beeld van de Egyptenaar Ranofer, hogepriester in Memphis (ca. 2480-2350 v.C.) in confrontatie met de Attische kouros (ca. 600 v.C.).

Kouroi en korai als gangmakers van de artistieke evolutie

De chronologie van de archaïsche kunst is vooral gebaseerd op die van de sculpturen, in het bijzonder van de *kouros-* en *korè*-beelden:

- vroeg-archaïsch (700-610 v.C.)
- oriëntaliserende fase (700-650 v.C.)
- ontstaan van een eigen Griekse vormtaal (650-610 v.C.)
- midden-archaïsch (610-530 v.C.)
- streng-archaïsch (610-570 v.C.)
- rijp-archaïsch (570-530 v.C.)
- laat-archaïsch (530-480 v.C.)

De oudste voorbeelden van monumentale Griekse sculptuur zijn de *kouros-* en *korè*-beelden. Hun functie kon variëren. Soms stonden ze opgesteld als cultusbeeld van de god of godin in de *naos* van een tempel maar ook als votiefbeelden van bezoekers. Andere beelden markeerden graven.

Bij de *kouroi* is, zeker in het begin, een duidelijke oosterse, respectievelijk Egyptische invloed merkbaar (houding, haartooi). Maar geleidelijk gingen dergelijke invloeden steeds minder spelen. Aanvankelijk bleef het vierkantige blok waaruit het beeld gehouwen werd naspeurbaar. Anatomische details werden vaak aangeduid met inkrassingen of ribbels. Het menselijk lichaam kwam over als een compacte en solide structuur, die alleen het essentiële beklemtoonde. Toch stonden de primitieve trekjes de grootse en monumentale esthetische conceptie niet in de weg.

Vanaf circa 610 v.C. heeft het zoeken van de beginperiode geleid tot een eigen stijl en vormgeving. Het constant experimenteren met nieuwe elementen laat ons toe de evolutie stap voor stap te volgen. Voor de *kouros* kwamen de kunstenaars tot een juistere weergave van de anatomie en een natuurlijker houding. Bovendien gingen de beelden zich vrijer bewegen in de ruimte, vooral door de positie van de armen. Voor de *korè* werd het vlakke reliëf vervangen door een plastische weergave. Er werden ook handelingen uitgebeeld, zoals het 'wegsnellen' van de Nice (*Nikè*) van Delus (zogenaamde knieloopstand). De verschillende stijlen zijn te vergelijken met de architecturale ordes. In de Dorische variant zijn de sculpturen zwaar en gedrongen en enigszins stijf (cf. Cleobis en Biton en het reliëf uit Chrysapha). De Ionische school opteerde voor elegantie en vrouwelijkheid

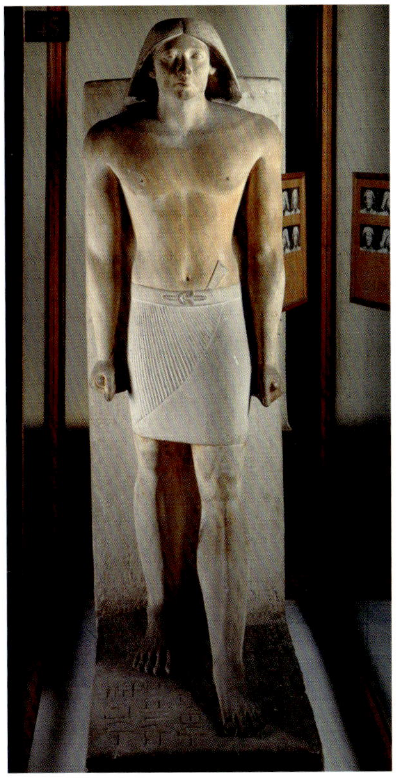

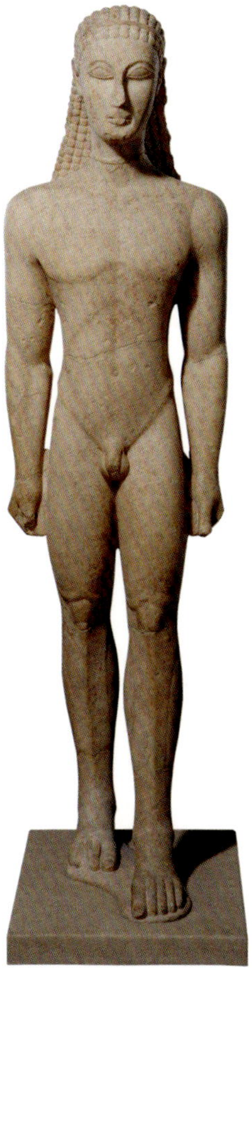

(cf. de *kouros* van Melos). De Attische school ten slotte koos voor een mengstijl die het gracieuze van de Ionische beelden combineerde met de ernst van de Dorische (cf. de zogenaamde *peplos-korè*).

Vanaf circa 530 v.C. werd een natuurgetrouwe uitbeelding van de vormen nagestreefd. De *kouroi* verloren hun houterig uiterlijk en de musculatuur werd juister en scherper weergegeven, zoals de *kouros* van Anavysus getuigt. De meeste *korai* dateren uit deze laat-archaïsche periode. De plooienval volgde vanaf toen het modelé van het lichaam. De verfijning en elegantie wijzen op Ionische invloed, zie de beelden van het schathuis van de Siphniërs in Delphi en het zitbeeld van een godin uit Tarente.

In de vaasschilderkunst was de invloed van het Oosten nog meer uitgesproken dan in de beeldhouwkunst. Oriëntaliserende ceramiek, vooral met dierenfiguren en fantastische wezens, maakte furore op Rhodus en in Corinthe. In Athene vormt de proto-Attische ceramiek de overgang naar de meer verfijnde, nog steeds oriëntaliserende zwartfigurale ceramiek van de zesde eeuw v.C.

◂◂

Reliëf uit Crysapha

Marmeren votiefreliëf met twee gehe-roïseerde overledenen. Ca. 540 v.C.

◂

Wagens, dansers en sfinks op amfoor

Proto-Attisch. Eerste kwart zevende eeuw v.C.

▸

Grafbeeld uit Anavysus

Croesus? Ca. 540-515 v.C.

Maat en orde in de tempelbouw

In de architectuur krijgen in de archaïsche periode, vooral in de tempelbouw, veel bestanddelen een vastere vorm, door het ontstaan van het klassieke type van de Griekse tempel, namelijk de zogenaamde *peripterus*-tempel (met diverse varianten).

In deze periode valt ook het ontstaan van de drie klassiek bouwordes. De Dorische orde is stoer, zwaar, gedrongen. De Ionische orde komt lichter en eleganter over dan de Dorische. De Corinthische orde wordt vooral gekenmerkt door het nogal overdadig kapiteel.

Een eerste vaststelling in verband met de Dorische tempel is dat hij rechtstreeks teruggaat op de eenvoudige houten voorlopers. De wijze van opbouw is eenvoudig. Het uitgangspunt is een houten paal, met een verbreding om de vierkante dekplaat op te vangen. Daar bovenop komen verder de dekplaat die de twee achter elkaar liggende hoofdbalken draagt, de regelplaat om met nagels de langsbalken vast te zetten, de langsbalk, en ten slotte het dakgestoelte met spijkers, gootlijst en pannen.

Naast de onderdelen van de Dorische tempel die afgeleid zijn van de voorlopers in hout, bracht de omzetting in steen ook nieuwe elementen tot stand met decoratief karakter zoals de metopen, de spuiers en de *acroteria*.

De ontwikkeling van het Ionische kapiteel toont enkele duidelijke verschillen ten opzichte van de Dorische orde. Het is rechthoekig in zijn totale vorm. De zijkanten zijn afgesloten met een volutenkussen, voorzien van hoekspiralen. Een sierlijke deklijst vervangt de zware abacus. Een veeleer verticaliserende eierlijst vervangt de *echinus*. De hoeken in de voluten worden opgevuld met een driehoekig palmmotief. In vergelijking met de Dorische zijn de Ionische cannelures talrijker, fijner, van elkaar gescheiden door een platbandje en zij eindigen niet plots beneden en boven, maar draaien elegant terug. Deze voluutvorm groeide niet uit architectonische druk- en opvangoverwegingen, maar verraadt haar afkomst van de bloem- en plantenversiering.

In het Corinthisch kapiteel ten slotte zijn de constructielijnen in wezen eveneens eenvoudig en frappant, maar ze worden als het ware overwoekerd door een overdadige, haast barokke begroeiing. Het onderste element van het kapiteel bestaat uit een rij kleine en stevige acan-

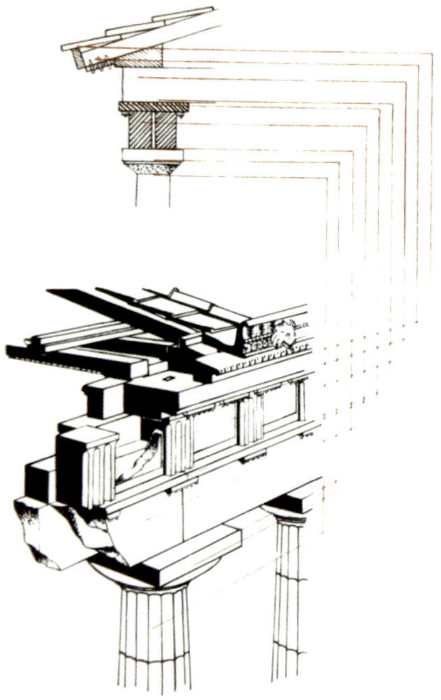

Opbouw van de Dorische tempel

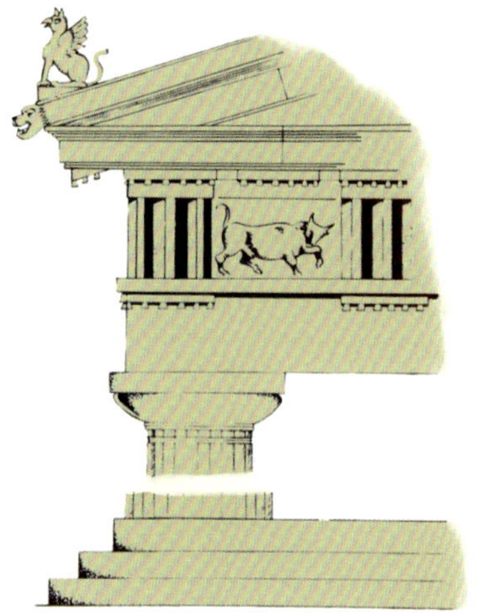

Onderdelen van de Dorische tempel

Ontwikkeling van het Ionisch kapiteel

Corinthisch op zijn Grieks en zijn Romeins
De kapitelen van het Lysicratesmonument in Athene vergeleken met de Romeinse acanthus mollis*-versie.*

thusbladeren. In de rij daarboven zien we grotere, opengevouwen acanthusbladeren. De derde strook bestaat uit fraai gebogen ranken die oprijzen uit de kelk van acanthusbladeren. Ze raken elkaar als voluten in het midden van de vier zijden, en ook aan de vier hoeken, waar ze de sierlijke dekplaat schragen. Het plastisch, beweeglijk en haast barok eindresultaat zorgt voor een sterke interpenetratiewerking: de hoeken springen als punten vooruit in de ruimte, terwijl de ruimte langs de terugwijkende zijden in het kapiteel dringt. In de Romeinse kunst wordt de voluut in fragiele natuurlijkheid volledig geïntegreerd in een maaswerk van blaadjes, vlinders, duiven enzovoort. De bladeren zijn hier asymmetrisch en tegelijk organisch en golvend.

De Griekse tempels, zoals trouwens ook de sculpturen die er verband mee houden, brengen ons tot tot een duidelijk inzicht in de wezenskenmerken van het 'klassieke'.

Klassieke kunst bezit een plastische geest. Die blijkt bijvoorbeeld uit de interesse voor de dingen in hun grijpbare en meetbare vorm, en de overtuiging dat dankzij die vorm hun wezen volkomen uitgedrukt wordt; door die plasticiteit komen zowel de organische als de architectonische vorm, en – wat de gebouwen betreft – zowel de totaliteit als de onderdelen over als in zich begrensd en toegankelijk. Plasticiteit veronderstelt ook passende voorstellingsmiddelen. Dus liefst geen picturale, wazige, suggestieve vormen, maar objectieve en blijvende met welbepaalde muur-, kubus- en ruimteverhoudingen; de Griekse vormen maken indruk door wat ze zijn, niet door wat ze schijnen. Bovendien lijkt elke vorm (of hij nu plastisch, literair of architectonisch is) echt gewild, omdat hij van binnenuit komt; precies daardoor ervaren wij hem als duidelijk afgelijnd en in zich besloten.

Klassieke kunst heeft een gesloten vorm en maat. Het kunstwerk vormt formeel gezien één geheel en is compact in al zijn onderdelen; wat samen gezien wordt hoort ook echt samen (unitief principe).

De ordening is streng wetmatig, verloopt volgens geometrisch-tectonische wetten en regels, wat strakke evenwichtsverhoudingen bewerkstelligt. Het gevoel voor maat houdt de vorm binnen zekere begrenzingen; voorop staat de zin voor het gematigde en afgemetene, voor harmonie en gestrengheid. Hier is plaats voor het grootse, niet voor het kolossale.

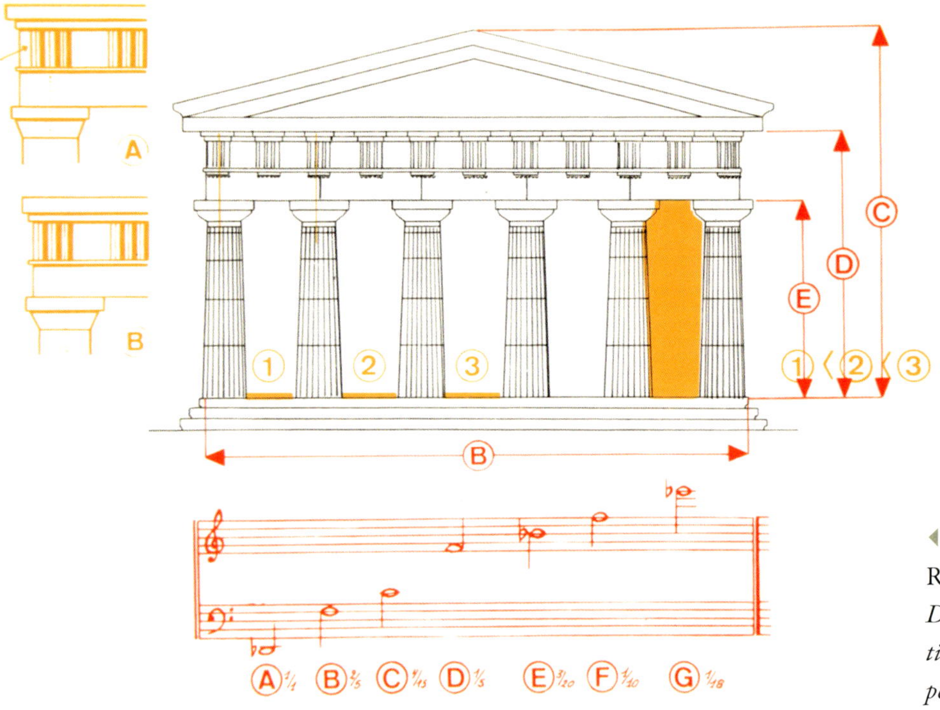

Relatie architectuur-muziek
Die relatie loopt parallel met de relatie volume-ruimte in de Poseidontempel te Paestum.

Ø2 = Ø + 1 = 2,618. Welnu, de linteel min deze verhouding en deze verhouding min de straal geven dezelfde maat, namelijk 1,681 meter, of de menselijke maat. Zo is de geheime modulus van de Parthenontempel de lengte van de mens...

Er werd tevens rekening gehouden met de relatie volume-ruimte en de relatie architectuur-muziek.

In een tempel zonder decoratieve ingrepen zijn de horizontaliserende factoren zoals de treden van het *krepidoma*, de trommels van de zuilen, het *epistylion*, de lijst, de bovenbalk en het massieve dak visueel te overheersend. De horizontaliteit wordt gemilderd door iedere verticale lijn in deze architectuur te beklemtonen, namelijk de cannelures op de zuilschacht, de aanduiding van de linteelbegrenzing, de trigliefen; hierbij komen nog het beeldhouwwerk op de metopen en in de timpanen, alsook de nok- en hoekacroteria. Zo ontstaat een rustig, harmonisch en evenwichtig 'zich zelf blijvend' spel van horizontale en verticale lijnen.

Het *intercolumnium* is niet steeds even groot, want de afstand tussen de zuilen vermeerdert al naargelang je het midden van de gevel nadert. Dat gebeurt om onder meer de tempelvorm meer gesloten te houden, de hoekzuil niet in afzondering te laten staan en om de uiterste triglief juist boven het midden van de hoekzuil te krijgen.

Wat de relatie betreft tussen het volume en de ruimte van de tempel moet je de verhoudingen van een tempel in wit-zwart, in leegte en volheid bekijken: zo is de ruimte in amfoorvorm evenwaardig aan de zuilen zelf, die haar tekenen en begrenzen.

Het onderwijs van PythAgoras berustte onder andere op de voorstelling door diagrammen van de getallen-klanken, afgeleid van de gelijkstemmigheid of 'canon'; men herleidt bijgevolg de lengte van iedere tijd tot haar maatstaven (modulus), zet dat om in geluiden en tekent de klanken volgens ons noteringssysteem; PythAgoras deelde de totale lengte van de trillende snaar of een octaaf in acht tonen; als eenheid van de snaar wordt de lengte van de tempel (A) genomen, namelijk 60 meter of 1/1; de breedte van de tempel (B) bedraagt 2/5 van de lengte of 24 meter; de hoogte van de gevel (C) bedraagt 4/15 van de lengte of 16 meter; de hoogte van de kroonlijst (D) meet 1/5 van de lengte of 12 meter; de hoogte van de zuil (E) bedraagt 3/20 van de lengte of 9 meter; de hoogte van de zuil in cella I (F) meet 1/10 van de lengte of 6 meter; de hoogte van de zuil in cella II (G) meet 1/18 van de lengte of 3,33 meter.

De funeraire monumenten genoten in alle tijden een groot respect en vormen dan ook een aanzienlijk gedeelte van de bewaarde archeologische documentatie. We beperken ons hier tot enkele karakteristieke voorbeelden van archeologische vondsten die de Griekse funeraire ideeën en gebruiken in het licht stellen. Daarbij moeten we nauwlettend de eventuele verschillende betekenisniveaus in het oog houden.

Funeraire monumenten hebben in de eerste plaats een praktisch nut: een graf of asurne laten toe de doden te begraven, we willen weten over wiens graf het gaat, wie de opdrachtgevers waren, wanneer de dode stierf, hoe oud hij was, hoe hij gestorven is, welk beroep hij uitoefende, de omstandigheden van het overlijden (ziekte, ongeval) enzovoort. Het bijschrift op de stèle voor een Klein-Aziatische jongen illustreert dat duidelijk: 'In de maand Hyperbertaios van het jaar 244 door Syntrophos en Spoudè [opgericht] ter nagedachtenis van hun zoon, die twee jaar oud werd.' [6] De inscripties maar ook de voorstellingen zijn in dat opzicht te vergelijken met onze doodsberichten en de gedachtenisprentjes, die ons willen informeren over de overledene. Soms wordt ons ook nog een blik gegund op het ritueel waarmee de dode begraven werd, zoals bij de geometrische *prothesis*-scènes. En elders wordt de doodsoorzaak op subtiele wijze aangegeven.

Wat de omstandigheden van het overlijden betreft, wordt op de grafstèle van Poseides wellicht een jachtongeval gesuggereerd. De dode draagt alleszins jachtkledij, en is vergezeld door zijn hond (waarvan alleen de contouren bewaard zijn). De kleinere figuur is vermoedelijk zijn vrouw.

Op een grafstèle met ruiter geeft de inscriptie op de basis – in de grote, klare letters van de vroege vierde eeuw – aan dat dit het grafmonument is van Dexileos van Thorikos, een jonge krijger die in 394 v.C. op twintigjarige leeftijd sneuvelde bij Corinthe. Een gevel met acroteria bekroont het reliëfveld. Op de voorstelling zien we een jonge ruiter die met zijn steigerend paard een naakte vijand vertrapt. Dexileos is gehuld in een korte *chiton* en een mantel wappert om zijn hals. In de geheven rechterhand hield hij een in brons uitgevoerde lans. De toom, de teugels, de krans op het hoofd van de ruiter en het zwaard in de hand van de vijand waren eveneens van brons. De overwonnene ligt geknield op de grond.

Een grote graf-*lecythus*, waarvan de bodem doorboord was, diende voor het verstrekken van voedsel en drank aan de doden. Hij is qua vorm geïnspireerd op de kleinere *lecythusflesjes* die veelal olie bevatten, en eveneens vaak een funeraire functie en decoratie hadden. Een jongeman, met korte *chiton* en helm, steunt met de linkerhand op zijn speer. Aan zijn linkerarm is een schild bevestigd. Zijn rechterarm is gestrekt in de richting van

Grafstèle op lecythus
Attische witgrondige lecythus, eind vijfde eeuw v.C. Eerbetoon bij een grafstèle. In Athene stond in die tijd een boete op het niet nakomen van de verplichting tot eerbetoon aan de doden.

◂

Stèle van Dexileos
Van de Dipylonbegraafplaats in Athene. Ca. 394 v.C. Aan de periode van Phidias herinnert het motief van de geknielde, naakte man; maar de algemene compositie, de opbouw volgens diagonalen en de verdraaide lichamen verwijzen naar de stijl van het begin van de vierde eeuw.

▾

Lecythus als grafmonument
Uit Athene. 403-400 v.C.

▸▸

Grafstèle van Poseides
Ca. 275 v.C.

▸▸

Grafstèle van Aristion
Ca. 510/500 v.C. Op de lijst omheen de basis wordt vermeld dat Aristokles de maker is.

een andere jongeman, eveneens met *chiton* en helm, en ook met een schild aan de linkerarm. Een derde jongeling zit op een steigerend paard. Hij draagt een korte *chiton* en een borstkuras, en op het hoofd een *petasus*, een reishoed met brede rand. De aansluitende scène, die met lichte lijnen gegraveerd is, houdt schijnbaar geen verband met de overige voorstellingen. Een naar links gewende vrouw zit in een fauteuil. Ze is gehuld in een *chiton* en een mantel. Achter haar staat een jong meisje, dat met haar linkerarm steunt op de schouder van de zittende vrouw. De *lecythus* zal wel bestemd geweest zijn voor een gesneuvelde krijger, hier op geïdealiseerde wijze afgebeeld met vrienden en familie.

Ook belangrijk is de situering van de overledene in de maatschappij (structureel betekenisniveau). Zo duidt op de grafstèle van Aristion een bijschrift aan welke positie de overledene bekleedde. Voorgesteld is een krijger die in profiel naar rechts staat, met het hoofd licht gebogen. Hij draagt een korte *chiton*, met daarover een pantser, en verder nog beenplaten en een helm. In zijn linkerhand houdt hij een lans. Op de grafmonumenten van de oude Grieken worden de overledenen steeds als ideaaltypes uitgebeeld – hier: 'de krijger' – en niet als personen met fysioplastisch gelijkende trekken.

In dezelfde zin zien we een overledene vaak gekenmerkt als vrouw des huizes, al dan niet in het gezelschap van dienaressen. Dat is bijvoorbeeld het geval op de Giustiniani-grafstèle (die bekroond wordt met een palmet dat uit twee voluten ontspringt, die op hun beurt vanuit twee acanthusbladeren vertrekken). Een meisje, gekleed in een langs de rechterzijde openvallende *peplos*, houdt een hoge, ronde doos voor zich uit (waarin sieraden zitten?). Het deksel van die pyxis ligt voor haar voeten. Het haar van het meisje is met een band omwonden en opgestoken. In het rechteroor – het enige dat zichtbaar is – was een metalen sieraad aangebracht. Wat een triviale scène had kunnen zijn wordt hier opgetild tot een ideaalbeeld. Op dergelijke funeraire monumenten worden jonge meisjes – en trouwens alle overledenen – haast altijd in een vergelijkbaar verheven kader afgebeeld.

Op het grafreliëf van Hegeso zit de overleden vrouw op een stoel met leuning. Haar voeten rusten op een laag bankje. Ze is gehuld in een lange *chiton* en een over de schouders geworpen lange mantel, waarvan de slippen in de schoot zijn bijeen genomen. Het haar is met twee

banden omhoog gebonden en een deel van de mantel bedekt haar hoofd als sluier. Ze houdt in haar handen een nu onzichtbaar sieraad, dat er vroeger bij geschilderd was. Het sieraad haalde ze net uit een geopend kistje, dat haar door een dienares wordt aangereikt. Deze kijkt haar meesteres aan en is eenvoudig gekleed in een lang, recht vallend gewaad. Het haar is verborgen onder een hoofddoek.

Veeleer zeldzaam zijn de voorstellingen die ons een blik gunnen op het dieper gedachtegoed (superstructureel betekenisniveau). Zo schudt op een reliëf een jongen zijn treurende moeder ten afscheid de hand.[7]

Zonder meer uitzonderlijk is het grafreliëf van Ampharete, wegens de ontroerende inscriptie. 'Het is het geliefde kindje van mijn dochter dat ik hier vasthoud, dat ik op schoot had toen we nog leefden en het zonlicht zagen, en ook nu we beiden dood zijn.'[8]

De mogelijke verfijning en draagwijdte van de Griekse funeraire thematiek en het vaak verrassend persoonlijke karakter blijken op haast verbluffende wijze uit het ensemble van liefst tien bijgiften uit het zogenaamde Sodatèsgraf. De vazen getuigen van de familiegenegenheid van een gegoede jonge moeder en brengen heilswensen voor de overledene uit. Dat gebeurt door mythische elementen, realistische taferelen en de kleurensymboliek (wit voor de geboorte, rood voor het leven, zwart voor de dood). Het graf kwam aan het licht in Athene, ten noordoosten van de stadsmuur, bij de poort aan de weg naar Acharnae, en dateert van 470-460 v.C. De vazen raakten via de voormalige verzameling Alphonse van Branteghem verspreid over diverse musea en hadden te lijden onder slechte bewaringsomstandigheden. We kennen hun oorspronkelijke toestand echter dankzij een reeks aquarellen. Naast twee plengschalen en twee mastoi, een zinspeling op het moederschap van de overledene, gaat het om drinkschalen die figuraal versierd zijn. De drinkschaal Sotadès 5, nu in Londen (British Museum) toont ons een plukscène, mogelijk de appeltuin van de Hesperiden. Een bijschrift identificeert de nimf links als Melissa, die de bijencultuur aan de mensen leerde kennen. Ze zit gehurkt bij de boom. De nimf rechts staat op de tippen van haar tenen om het fruit te plukken. Het best bekend is de drinkschaal Sotadès 6 uit de Brusselse Koninklijke Musea voor Kunst en Geschiedenis. Een jonge moeder, gekleed in een *chiton*

▲

Giustiniani-grafstèle

De marmeren Giustiniani-grafstèle, gevonden op één van de Griekse eilanden (mogelijk Paros). Rond 450-440 v.C.

▶

Grafstèle van Hegeso

Grafreliëf van 'Hegeso (echtgenote of dochter) van Proxenos' (zie inscriptie op de balk boven het hoofd van de vrouw). Van de Dipylonbegraafplaats in Athene. Ca. 400 v.C.

Moeder met kind op schaal Sotadès 6

en een *himation* en met een kapsel dat door een haarnet bijeengehouden wordt, zit op een stoeltje met rechte poten (*diphros*). Ze strekt de armen uit naar het kind, dat tegenover haar zit in een hoge stoel.

Drinkschaal Sotadès 7 met witte achtergrond, nu in Boston, Museum of Fine Arts, dankt zijn bekendheid aan de vervalsing waar de toenmalige eigenaar graaf Michel Tyszkiewicz klaarblijkelijk verantwoordelijk voor was. Het betreft de voorstelling van Nephele op een wolk, en verder van Ino, Athamas, Phrixus en Helle.

Drinkschaal Sotadès 8 bevindt zich eveneens in Londen, British Museum, en brengt een mythisch sterk geladen voorstelling. Voor het graf dat met een drievoet bekroond is, zitten rechts de overledene Glaucus (zoon van koning Minos van Kreta), met zijn mantel over het hoofd, en de ziener Polyïdus geknield. Deze staat op het punt een slang te doden. Met het gif ervan zal hij de dode Glaucus heropwekken. Polyïdus was samen met de gestorven jongeling door Minos in het graf opgesloten. Diverse episodes van het mythisch verhaal zijn hier in één moment samengebracht. Als kind viel Glaucus in een vat honing, waarin hij stikte. Toen de ziener Polyïdus hem niet tot leven kon wekken, werd hij met het lijk van Glaucus in diens grafkelder opgesloten. Daar doodde Polyïdus een slang die door een andere slang met een toverkruid weer tot leven werd gewekt. Met dat kruid kon de ziener ook Glaucus weer levend maken.

Ook drinkschaal Sotadès 9 bevindt zich in het British Museum in Londen. Een man, met een wollen muts en gewapend met een knuppel, valt een grote slang aan. In de linkerhoek zien we resten van een op de aarde neerstortende vrouw. Het gaat ongetwijfeld om de bijenkweker Aristaeüs (de alpha en de rho van het bijschrift zijn nog bewaard), terwijl hij de slang aanvalt die Eurydice een dodelijke beet toebracht.

De drinkschaal Sotadès 10 ten slotte, nu in de Koninklijke Musea voor Kunst en Geschiedenis in Brussel, stelt weer de gestorven jonge vrouw voor, terwijl ze met een tol speelt. Het haar is gevat in een hoofddoek. Ze is gekleed in een *chiton* en een *himation*.

Tolspelende jonge vrouw op schaal Sotadès 10

Perzische dreiging (circa 550-480 v.C.)

In de jaren rond 540 v.C. wist Cyrus met geweld Lydië en Oost-Griekenland in te lijven in het steeds groeiende Perzische Rijk. De bloeiende steden Phocaea en Teos raakten verlaten. Toch kon de Perzische overheersing de hellenisering van het Nabije Oosten niet beletten. Rond 540 v.C. zorgde Cnidus bijvoorbeeld voor het eerste gebouw dat volledig in marmer opgetrokken was, namelijk een schathuis in Delphi (dat er, zoals Olympia, meer als een stad dan als een heiligdom was gaan uitzien). Samos kende in de jaren 530-520 v.C. zijn grootste glansperiode onder Polycrates, van wiens machtig Egeïsch Zeerijk het sterkst een indruk wordt gegeven door het ondergrondse watertoevoersysteem dat in een tekst van Eupalinus van Megara beschreven is. De Griekse artistieke invloed strekte zich oostwaarts uit tot in Lycië. Duidelijke illustraties daarvan zijn de twee beschilderde graven bij Elmali en het zogenaamde Harpijenmonument in Xanthus. Maar zelfs Perzië liet zich door de Griekse kunst bekoren: Griekse bouwvaklui en beeldhouwers waren tewerkgesteld in de hoofdsteden Pasargadae, Susa en Persepolis.

Op politiek vlak schoten de Grieken wél tekort tegenover de opdringende Perzen, nu onder de leiding van Darius. Na het neerslaan van een opstand in 494 v.C. werd de leidinggevende Ionische stad, Milete, verwoest. Athene had echter meer succes. De rol die de stad speelde in het afweren van de Perzische invasies op het Griekse vasteland in 490 en 480/479 v.C. steunde dan ook op een stevige economische basis. Wat de graancultuur betreft had Attica het maar krap: van de vijfenzeventigduizend mensen die gevoed konden worden woonden er alleen al in de stad Athene zowat tienduizend. Olijven daarentegen waren er in overvloed, zodat vanaf 600 v.C. een grootschalige export mogelijk was. De import van goederen als tarwe was meer dan alleen maar een noodzakelijk kwaad, want die werkte de opbloei van de Atheense handel en industrie in de hand. Zo veroverde vanaf respectievelijk 550 en 530 v.C. het zwartfigurale en het roodfigurale aardewerk de mediterrane markt – met Italië en het Zwarte Zeegebied op kop, zoals de belangrijkste vindplaatsen aangeven. De indrukwekkende marmeren *kouroi* en *korai* op de Atheense Acropolis vormen het begin van Athenes dominante rol met betrekking tot de artistieke ontwikkeling van Griekenland. Naast deze schaarse natuurlijke rijkdommen en de ambachtelijk vervaardigde producten bezat Attica een 'schat van de aarde' (Aeschylus), het zilverhoudend lood uit het Lauriumgebergte. Dankzij die grote hoeveelheid zilver kon Athene rond 480 v.C. de bouw van de grootste vloot van triremen realiseren. Deze schepen, voortbewogen door honderdzeventig roeiers, haalden een snelheid van 11,5 knopen. Ze speelden een sleutelrol in de verdrijving van de Perzen. Nadat deze in 490 een eerste keer verslagen waren bij Marathon, kwamen ze in 480 Athene plunderen. In 479 behaalden de Atheners bij Salamis en Plataea de definitieve overwinning.

In deze periode speelt zich ook het verhaal af over de zogenaamde Tirannendoders. De twee vrienden (mogelijk een oudere minnaar en zijn jongere vriend) Harmodius en Aristogiton vermoordden in 514 v.C. de Atheense tiran Hipparchus, de zoon van Pisistratus. Harmodius werd ter plaatse gedood. Aristogiton daarentegen werd terechtgesteld. Wegens hun heldhaftige verzetsdaad werden beiden als nationale helden beschouwd en gevierd als voorvechters van de Griekse democratie, die geen dwingelandij verdraagt. Een eerste, door Antenor vervaardigde bronzen beeldengroep werd op de Atheense Agora opgesteld. Na de verwoesting van Athene door de Perzen in 480 v.C. werd een nieuwe groep gemaakt door Critius en Nesiotes. Het is van deze tweede groep dat verschillende marmerkopieën bewaard bleven. De twee mannen staan in aanvalshouding, met het ene been naar voren gebogen, en het andere achterwaarts gestrekt. Harmodius houdt een dolk in de geheven linkerhand.

◂ Reliëf met trireem

▸ De Tirannendoders
Kopie van de Tirannendoders uit de villa van Hadrianus in Tivoli.

Attisch zwart- en roodfiguraal aardewerk

De basiskleuren van het Attisch zwart- en roodfiguraal aardewerk zijn het rood dat de (met toevoer van lucht) oxyderend gebakken vaas aannam, terwijl het verdund laagje klei dat erbovenop aangebracht was door reducerend bakken nadien (met afsluiting van de luchttoevoer) zwart werd, maar de dikkere wand nog rood bleef. Bij het zwartfiguraal aardewerk zijn de figuren met ingekraste contouren zwart en de achtergrond van de vaaswand rood. Bij het roodfiguraal aardewerk daarentegen is de achtergrond zwart en de figuren rood, maar de met penseel aangebrachte details werden eveneens zwart.

Andere kleuren, zoals het wit van de gezichten en het purper van de kledingstukken, zijn echter na het bakken geschilderd, en dan ook veel brozer.

De zwart- en roodfigurale vazen zijn voor een groot deel gelijktijdig. De roodfigurale ceramiek kwam evenwel pas omstreeks 535 v.C. in de mode en bleef tot het einde van de vierde eeuw in productie, terwijl de zwartfigurale al in het begin van de zesde eeuw enig succes kende, maar in de vijfde eeuw vroeger in onbruik geraakte. Opmerkelijk in dit verband zijn de *bilinguists*: vazen met op de ene zijde zwartfigurale, en op de andere zijde roodfigurale voorstellingen.

In verband met de voorstellingen van goden en helden op de zesde- en vijfde-eeuwse Attische zwart- en roodfigurale vazen dient er te worden gewezen op de band die er bestond tussen de precieze cultuurhistorische context en de diverse voorstellingen. Op het einde van de zesde eeuw v.C. maakte het aristocratische maatschappijmodel plaats voor een evenwichtiger samenspel individu-gemeenschap. Van dan af is de epische wereld relatief slecht vertegenwoordigd, maar komen de individuele helden – het was de periode van de tirannendoders! – sterker op de voorgrond (met de krachtpatsers Heracles en Theseus onbedreigd aan de leiding). De hoge frequentie van gevechtsscènes weerspiegelt duidelijk de toen heersende onrust. Het kan toch moeilijk toeval heten dat helden en krijgers net op dat ogenblik zo sterk de beeldtaal beheersten (ze zijn in zowat twee derden van

Zwartfigurale amfoor
Werk van Exekias. Ca. 550-540 v.C.
Heracles overwint Eurystheus.

Zwartfigurale amfoor
Tweede helft zesde eeuw v.C. Gestileerde haan.

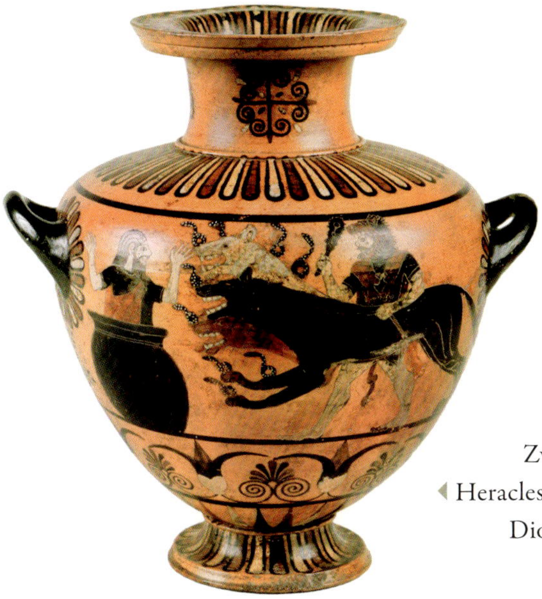

Zwartfigurale hydriae.
◂ Heracles met Cerberus bij Eurystheus
Dionysus met menaden ▸

de voorstellingen aanwezig).

Verder blijkt de ontoereikendheid van de gebruikelijke encyclopedische aanpak als de globale interpretatie niet alleen een kwantitatief maar ook een kwalitatief karakter krijgt. De meeste items kunnen namelijk cultureel-antropologisch tot bepaalde krachtvelden worden herleid. Onderzoek heeft aangetoond dat het zesde- en vijfde-eeuwse Athene zich via een aantal thematische groepen in beeld gezet heeft.[10] Volgende belangrijke categorieën kunnen worden onderscheiden: de opvoeding van de jongeren: sport, muziek, militaire opleiding; de maaltijd/het *symposium* als sociaal gebeuren; de jacht als symbool van de initiatie; de rol van de erotiek; de rol van de krijgers (gevechts-, afscheidsscènes); de begrafenisgebruiken; offers, feesten en mysteriën; de parallelle wereld van de vrouw; individuele helden zoals Heracles; Dionysus, de god van de wijn en het irrationele. Hierbij dient aangestipt dat deze krachtvelden vaak interfereren en elkaar dus versterken of nuanceren, en dat het al dan niet mythisch karakter nauwelijks gevolgen heeft voor de grondbetekenis. Een vechtende Heracles bijvoorbeeld is in principe omwisselbaar met om het even welke anonieme krijger.

Het is in dit verband interessant om ook even in te gaan op een concreet voorbeeld, met name de vele voorstellingen van Zeus die de knaap Ganymedes achternazit. Op een in Berlijn bewaard alabastron zien we hoe een haan – een bekend liefdesgeschenk en ithyfallisch symbool – voor de god en de vluchtende knaap uitloopt. Een vliegende Eros schijnt Zeus aan te porren. Een oudere man met stok daarentegen maakt een afwerend gebaar. Steevast wordt voor de duiding van dergelijke scènes verwezen naar de vele amoureuze escapades van vadertje Zeus: Leto, Dione, Metis, Aegina, Dia, Antiope, Themis, Eurynome, Alcmene, Thetis, Semele, Callisto, Danaë, Demeter, Mnemosyne, Maia, Leda, Europa, Io, Taygete, Alcyone, Ganymedes, en mogelijk

▾
Roodfigurale kelkkrater
Begin vijfde eeuw v.C. Offerscène.

nog vele andere gegadigden die wellicht het toenmalige roddelcircuit maar niet onze mythologische overzichten gehaald hebben (misschien zelfs meer dan de *mille e tre*, de duizend en drie Spaanse veroveringen van Mozarts Don Giovanni). Voor velen is er over de betekenis van de Zeus-Ganymedesvoorstellingen weinig twijfel mogelijk: het gaat om erotische, of zelfs verkapte pornotaferelen. Zeus zou een oude geile man zijn die, 'met het vuur in de broek' de knaap achternazit. Maar bij dergelijke achtervolgingsscènes traden ook nog diverse andere, veelal jongere goden maar ook godinnen als protagonisten op: de goden Boreas (frequentie van 14,25%), Poseidon (0,32%), Hermes (4,93%), Apollo (2,47%), Dionysus (2,19%), Zephyrus (1,64%), Pan (0,27%), en Hades (0,27%); en de godin Eos (liefst 38,08%).[11] Zeus laat zich met zijn 26,58% dus zelfs overtroeven, en dan nog wel door een vrouw! Hier kan dus moeilijk sprake zijn van de anekdotische uitbeelding van avontuurtjes, temeer omdat de achtervolgde sterveling meestal voor zijn leven lijkt te rennen, en zeker geen tekenen van instemming of genot laat blijken. Er kan toch moeilijk worden aangenomen dat de taferelen sadomasochistisch van inslag zijn? Hoe moeten ze dan wel worden begrepen? Het overgrote gedeelte van de voorstellingen in kwestie is te situeren tussen 480 en 440 v.C. In de loop van de vijfde eeuw v.C. onderging de geloofsbeleving van de Atheners een duidelijke verandering. Ze weigerden nog langer te aanvaarden dat de relatie god-mens een onvoorwaardelijk, slaafs karakter diende te hebben. Vandaar een mengeling van geloof en ongeloof, van liefde en haat, van religieuze overgave en menselijke twijfel. De overweldigende god moest de plaats ruimen voor een te begrijpen opperwezen. Ook in de literatuur vinden we sporen van deze mentaliteitsverandering: in Aeschylus' *Agamemnon* verzet de jammerende Cassandra zich heftig tegen Apollo's onafwendbare dwang om te profeteren (vergelijk met de naïef-ironische vraagjes van Socrates omtrent de ware aard van de goden in Plato's dialogen).

Een tweede voorbeeld, een bord van de Meidiasschilder, is een van de zeldzame voorbeelden die inzicht verschaffen over concrete cultushandelingen en religieuze praktijken. De standring is op twee plaatsen doorboord, klaarblijkelijk om het bord als votiefgift te kunnen ophangen. In het centrum van de voorstelling zien we, naast een Ionische zuil die boven op een voetstuk van twee treden staat en bekroond wordt door een drievoet, een kind dat gedragen wordt door een vrouw. Het bijschrift ASS – te vervolledigen tot ASSKLEPIOS – laat er geen twijfel over bestaan dat we hier met Asclepius te doen hebben. Via het bijschrift DAUROS bij de vrouw (te vervolledigen tot EPIDAUROS) weten we dat hier de personificatie van de heilige plaats Epidaurus is voorgesteld. Rechts van het centrum zit een andere vrouw, EUDAIMONIA volgens het bijschrift. Van het bijschrift van de staande vrouw links van het centrum zijn alleen de eerste twee letters EU bewaard gebleven, vermoedelijk te vervolledigen tot EUKLEIA (de varianten EUTYCHIA of EUNOMIA zijn minder waarschijnlijk, maar zeker niet helemaal uit te sluiten). De identificatie van het geheel lijkt vast te staan: naast de zuil met de drievoet van Apollo zien we hoe de personificatie van Epidaurus het kind van Apollo, Asclepius, aan de aanwezig te denken stad Athene presenteert, en dat in het bijzijn van de personificaties van het geluk (Eudaimonia) en van de roem (Eukleia).

Hoe moeten we de voorstellingen duiden? Het bord is duidelijk geen gewoon gebruiksvoorwerp dat zijn plaats had in het dagelijks leven van een of andere rijke Athener. De aanwezigheid van gaatjes ter ophanging wijst integendeel op een buitengewone functie. Maar daarom was het bord nog geen trofee die ter gelegenheid van een of andere wedstrijd uitgereikt werd, hier de koorwedstrijd ter gelegenheid van de Thargelia (zoals Erika Simon suggereerde).[12] Een votiefgift lijkt ons veel meer voor de hand te liggen. In het kader van de Asclepiuscultus kennen we immers heel wat votiefplaten. De allusies op de mythische achtergrond (waar onder meer ook Pausanias 2,26,4 over uitweidt) passen trouwens ook perfect voor een votiefplaat. Het kan nauwelijks toeval zijn dat het votiefbord dateert uit dezelfde jaren als de invoering van de Asclepiuscultus in Athene. Het spreekt bovendien vanzelf dat in periodes van politieke en sociaaleconomische onrust de goden die geassocieerd worden met genezing en welzijn als vanzelf goed in de markt liggen. Verder is het evident dat Athene zich graag manifesteerde als een stad die de goden eerde en daarom van hun gunsten genoot. De religiositeit die in de stad heerste, was dan ook een van de troeven waarmee de Atheners zich positioneerden ten overstaan van de andere stadstaten en de niet-Griekse wereld. De andere vazen van Meidias, die meestal Aphrodite als onderwerp hebben, confronteren ons trouwens met een gelukzalige stad die net de pijnlijke Peloponnesische oorlog had meegemaakt en nu, mede dankzij de goden, eindelijk rust kende. Athene affirmeerde zich opnieuw als de morele leider van de Griekse wereld. Ten slotte mag niet uit het oog worden verloren dat het eigenlijke onderwerp vooral religieus lijkt te zijn, zie het verband met de cultus van Apollo maar vooral met die van Asclepius, die toen net ingang had gevonden. Interessant detail in dat verband: de aanwezigheid van een mirtenkrans, naast de te verwachten apollinische laurierkrans, is niet zomaar toevallig. De kleine Asclepius werd namelijk door Aresthanas gevonden op een plaats die aanvankelijk *Murtion* ('Mirtenberg') heette, en pas nadien de naam *Tittheion* ('Tepelberg') kreeg (aldus Annie Verbanck-Piérard).[13]

◂

Schaal met Zeus en Ganymedes

◂
Votiefbord van de Meidiasschilder
Didactisch Museum Archeologie K.U. Leuven. Einde vijfde eeuw v.C.

▸
Eudaimonia
Detail van votiefbord op p. 80.

▸▸
Epidaurus met Asclepius
Detail van votiefbord op p. 80.

Opvoeding tot weerbaarheid

Heel wat zesde- en vijfde-eeuwse Attische vaasvoorstellingen hebben betrekking op de jeugd en de opvoeding. Vooraleer we er enkele analyseren, moet we erop wijzen dat dergelijke taferelen geen beeldreportages of sfeerbeelden zijn, wel evocaties van symbolische situaties. Om ze goed te begrijpen moeten we weten dat ze tot stand zijn gekomen zoals kinderen spelen met blokkendozen. De losse elementen – zuilen, deuren, meubels en dergelijke – hebben hun eigen, zij het soms meerduidige betekenis. Het is pas via het combineren dat het globale bouwsel verschijnt dat de kinderen tot stand willen brengen. Zo wordt in de klassiek-Griekse beeldtaal eveneens met betekeniselementen gespeeld die we moeten ontcijferen, maar de zin van het geheel steunt vooral op de wijze waarop die 'tekens' met elkaar samengaan.

Een eerste voorbeeld houdt schijnbaar verband met de muzikale vorming van de Atheense jeugd. Centraal zien we een *kitharistès* een *lyra* bespelen. Hij musiceert samen met de leerling die vóór hem zit, en die een dubbel-*aulos* als instrument heeft. Het duimzuigend jongetje achter hem is mogelijk zijn wachtend broertje. Helemaal rechts komt al een volgende leerling binnen, samen met zijn *paidagogos* (privéleraar). Bij een tweede leraar, die uiterst links de *aulos* bespeelt, is de les net afgelopen. Zijn twee leerlingen snellen al weg naar het luipaardjong dat op een stoeltje staat. Het geheel van de scène is in géén geval een momentopname in een bestaande muziekschool, maar een imaginaire compositie die vertrekt van realistische elementen. Het tafereel evoceert symbolisch de rol van de vorming – en de muzikale opleiding maakte daar essentieel deel van uit – in het leven van de jonge Atheners, die zo werden klaargestoomd tot volwaardige burgers.

Een scène op een tweede vaas toont ons een *gymnasium*, een voor iedereen toegankelijk sportcentrum, dat tegelijk een heilige ruimte was. De elementen die de situatie aanduiden zijn tot het strikte minimum beperkt: de adolescent-sportman, die door zijn lans ook als jager gekenmerkt is; het wasbekken, nodig voor de hygiënische verzorging; de wedstrijdpaal. Elders worden gelijkaardige taferelen vervolledigd met attributen als: spons, parfumflesje, sandalen, schraapijzer (*strigilis*), zelfs een altaar of godenbeeld. Dergelijke scènes beklemtonen de centrale plaats van de sport en de jacht in het weerbaar maken van de adolescenten.

Het bekwamen tot sport en jacht stond mee in functie van de oorlogstraining. Op de drempel van de volwassenheid werden de Atheners opgeroepen in militaire dienst, om de stad als hopliet te kunnen verdedigen. De vele taferelen met krijgers getuigen van de bijna nooit afwezige dreiging of werkelijkheid van de oorlog. Een uiting daarvan zijn de vele afscheidsscènes. Een ervan laat ons zien hoe een jonge krijger de plengschaal reikt naar een vrouw met een kan (waarschijnlijk zijn moeder). Er werd immers, om het afscheid een sacraal karakter te verlenen, een plengoffer bij gebracht. Rechts kijkt een oudere man, wel de vader van de krijger, bezorgd en bemoedigend toe. Maar met de simpele identificatie van de drie figuren is de betekenis nog niet achterhaald. We staan hier namelijk voor de interactie tussen verschillende thema's en verschillende interpretatieniveaus. Reeds de uiterlijke verschijningsvorm draagt iets bij tot de betekenis: de personages, aangebracht in effectvol rood-zwartcontrast, fascineren meteen. Artistiek gezien raken we onder de indruk van de geslaagde compositie, van de sobere grafische stijl, van de goed geproportioneerde lichaamsbouw en de aantrekkelijkheid van de vrouw en de beide mannen. Deze figuren staan, op typologisch vlak, voor drie verschillende werelden: die van de jeugd; die van de vrouw, respectievelijk moeder, respectievelijk familiegemeenschap; en die van de man, respectievelijk de vader, respectievelijk de stadsgemeenschap. In een poging om het geheel te duiden kan de scène worden bestempeld als de weergave van gevoelens van genegenheid, en van het besef van volwassenheid en verantwoordelijkheid. Met een louter *dinglich* ingestelde blik ontsnapt ons de essentie van het tafereel. Het is zoals bij goede literatuur: 'er staat niet wat er staat'.

Er bestaan voorstellingen waar de interactie van uiteenlopende thema's uiterst ingewikkeld wordt, zoals in een ander voorbeeld van een afscheidsscène. De jongeling in het midden draagt nog het jagerskostuum van de gymnasiast, al wordt hij ook als krijger gekenmerkt doordat de vrouw rechts hem de wapens aanreikt. De vrouw links schenkt hem het gebruikelijke plengoffer in. De aanwezigheid van een altaar en van een heilige boom lokaliseren het gebeuren op een cultusplaats. Dit alles leidt tot de volgende totaalbetekenis: de familiegemeenschap staat deze jongeman af aan de stadsgemeen-

Muziekles
Roodfigurale hydria

Jongeling in gymnasium
Roodfigurale schaal. Midden vijfde eeuw v.C.

Afscheid van jonge krijger
Roodfigurale stamnos Ca. 450 v.C.

Afscheid van jager-krijger
Roodfigurale krater. Ca. 450 v.C.

Kwam een haasje aangelopen
Attische drinkschaal.

schap, zodat hij onder de hoede van de goden van speelse jager tot weerbare krijger kan uitgroeien.

Soms kunnen dergelijke voorstellingen nog complexer zijn. Zo zien we op een schaal een naakte jongeman en een haas naast elkaar rennen. Beide figuren komen als uiterst realistisch over. Er is verder geen enkel decor aanwezig dat ons tot een interpretatie in welke zin ook dwingt. Is het denkbaar dat het hier gewoon gaat om de anekdotische weergave van een reële spurt tussen een haas en een mens? Menigeen zal onmiddellijk bevestigend antwoorden. En toch lijkt deze duiding voor wie enigszins met de Griekse beeldtaal vertrouwd is bijzonder onwaarschijnlijk, al was het maar omdat voorvallen uit het dagelijks leven zelden of nooit werden uitgebeeld. Toch stuit een meer wetenschappelijke benadering bij de meesten alleen maar op ongeloof. De haas situeert de actie op het platteland. Een stad als Athene was immers omringd door velden en bossen. Daar verbouwde men het voor de voeding van de stad noodzakelijke graan (althans een gedeelte ervan, de rest werd ingevoerd), en er kon worden gejaagd op vogels en klein wild. Het was ook daar dat de jongelui via sportwedstrijden, de jacht en gevechtsoefeningen klaargestoomd werden tot weerbare burgers, zodat ze de stad bij een van de talrijke oorlogen konden verdedigen. In die sfeer van jongens onder elkaar was er haast steeds een seksuele spanning voelbaar, dikwijls homo-erotisch van inslag, soms met de opvoeder als minnaar en de opgroeiende jongen als beminde. Vanuit die achtergrond is het begrijpelijk dat tegenspartelende dieren zoals hazen en hanen – die door de wijze waarop ze opveren als vanzelf met de rechtopstaande penis geassocieerd werden – uitgroeiden tot de erotische symbolen bij uitstek, en bijvoorbeeld als liefdesgeschenken fungeerden. De hele context lijkt hier op de besproken schaal als het ware samengebald: de lopende man die naakt is (in de Griekse beeldtaal is naaktheid veelal een vorm van heroïsering: 'Ziehier een Atheense held in spe!') maar ook de haas evoceren de wereld van de opgroeiende Atheners die zich uitleven in sport, jacht, wedstrijdkampen, erotiek. Het haasje dat komt aangelopen staat dus voor veel meer dan op het eerste zicht lijkt.

De Atheense suprematie (480-400 v.C.)

Na de Perzische oorlogen bouwde Athene, met Pericles als drijvende kracht, doelbewust een anti-Perzische macht op, namelijk de Delisch-Attische Zeebond. De meeste staten uit het Egeïsche gebied werkten eraan mee. Daardoor reikte de Atheense invloed van Byzantium tot Cyprus. De, in hoofdzaak Atheense, vloot zuiverde de zeeën van piraten en beschermde zo de kooplui die tarwe aanvoerden uit Egypte, Cyprus en vooral de Krim, om er de groeiende Atheense stadsbevolking mee te voeden. Toch leefde (zoals in de andere Griekse stadstaten) de meerderheid van de Atheense bevolking – toen driehonderd- tot vierhonderdduizend in aantal – op het platteland. De Piraeushaven werd de spil van de mediterrane handel. Dankzij de Atheense schrijvers en politici kennen we de veelzijdigheid en de overvloed van de verhandelde producten die in de haven aankwamen, en die via de detailhandel op de Atheense Agora (vergelijkbaar met ons begrip Grote Markt) terechtkwamen.

Waar de vele goederen en diensten archeologisch nauwelijks sporen hebben nagelaten (of die door ons niet als dusdanig herkend worden), zijn de vele vijfde-eeuwse Atheense monumenten voor haast iedereen gemeengoed geworden. Zo zijn er de vele gebouwen die in de tweede helft van de vijfde eeuw v.C. op de Acropolis in het lokale Pentelisch marmer opgetrokken werden, zoals de Parthenontempel, de Propyleeën, het Erechtheum en de Athena-Nicetempel. Weinigen realiseren zich daarbij dat het hier om een bijna mondiale onderneming ging: de financiering geschiedde vooral via de bijdragen van de met Athene verbonden staten, en de werken – zeker voor het Erechtheum – werden uitgevoerd door zowel 'barbaarse' slaven, vrije Atheners als de in Athene gevestigde vreemdelingen. Ook de Agora en zelfs het Attische platteland werden met schitterende gebouwen versierd. De Stoa van Zeus op de Atheense Agora is ongeveer gelijktijdig met het Parthenonheilig-

◂ De Atheense Acropolis
Reconstructietekening.

▸ Pericles
Marmeren portrethoofd van Pericles, naar origineel van Cresilas van ca. 425 v.C. (?).

dom, en kan er best de vergelijking mee doorstaan. Hetzelfde geldt voor de Hephaestustempel in de wijk die aan de Agora grenst. Hij werd wellicht ontworpen door de architect die voor de Poseidontempel in Sunium en de Nemesistempel in Rhamnus verantwoordelijk was, beide eveneens in Attica. Aan de huisbouw daarentegen werd blijkbaar minder aandacht geschonken.

Vanaf ongeveer 460 v.C. was de Perzische dreiging voorbij. De Atheners en hun bondgenoten besteedden de rest van de vijfde eeuw v.C. aan de strijd met het andere Griekse machtsblok, het verbond van staten onder de leiding van Sparta. In deze periode kwamen dan ook verschillende versterkingen tot stand, waarvan sommige opgetrokken zijn in het fijnste bouwwerk in droge steen dat wij kennen. Vermeldenswaard zijn vooral de Attische grensforten zoals Gyftokastro en Aigostena en de omheiningsmuren van Oiniadai. Belangrijk was ook de zorg voor een goede stadsplanning, waarbij een voorkeur bleek voor het rastersysteem. Dit laatste bestond weliswaar reeds in rudimentaire vorm in de zevende eeuw v.C., maar via de herbouw van zijn stad in 479 v.C. wist Hippodamus van Milete het met zijn naam te verbinden. In 450 v.C. zorgde hij ook voor de rationele uitbouw van de haven van Piraeus. Hij droeg ook bij tot de stichting van Rhodus in 408 v.C.

Op artistiek vlak verschijnt in de architectuur, samen met de vervolmaking van de Dorische stijl, nu ook de Ionische orde. Op de Atheense Acropolis

▲

De Athena-Parthenostempel
in Athene
447-438 v.C.

▼

Kariatidenbalustrade
van het Erechtheum
421-406 v.C.

Zgn. Omphalus-Apollo
Ca. 460-450 v.C.
(Romeinse kopie).

God van de kaap Artemisium
Poseidon of Zeus? Ca. 470-450 v.C. Door de gestrekte linkerarm, de werpende rechterarm en de vooruit geplaatste linkerknie lijkt de figuur in de ruimte geconcipieerd; de opbouw is echter tweedimensionaal: in de richting van een vlak en zo in profiel gedraaid (wet van het omslaan onder een hoek van 90°); zo wordt een uiterst streng geometrisch-abstract en vlakwerkend stramien van horizontalen en verticalen verkregen.

worden de markantste gebouwen opgericht: de Parthenontempel die Dorisch is, maar Ionische trekjes vertoont (cf. de slanke lijnen, het aanschijn van de fries en van de decoratie); qua proporties is hij perfect harmonisch, en de behandeling van de materie geschiedde op verfijnde wijze; de Propyleeën (de monumentale toegang), in Dorische en Ionische stijl; het Ionische Nicetempeltje, dat een bijzonder elegant geheel vormt; het gratievolle Erechtheum dat elementen vertoont van de drie ordes en precieus versierd is. Buiten Athene werd bijvoorbeeld in Bassae de Apollotempel opgetrokken.

In de beeldhouwkunst zet de evolutie van een schematische, vereenvoudigde kunst naar een grotere natuurgetrouwheid zich door, maar voert tegelijk naar een nieuwe conceptie, een nieuwe geest. Het luchtige, verfijnde wijkt voor een grote ernst en sereniteit. Vandaar de term strenge stijl. Bij het *kouros*-type wordt er gezocht naar een natuurlijker houding. Het lichaamsgewicht steunt nu op één been (steunbeen), terwijl het andere, vrijgekomen been (speelbeen) zich plooit. Heupen en bekken zijn het centrum van waaruit de beweging vertrekt. Dat is een artistieke revolutie, omdat de tot dan heersende frontaliteit wordt doorbroken. De *Omphalus*-Apollo is het eindpunt in de ontwikkeling van het *kouros*-type. Bij het *korè*-type stellen we een zeer

Zeustempel in Olympia
Beeldengroep van de westgevel.
Ca. 460 v.C.

natuurgetrouwe drapering van het gewaad vast. De weergave van de handeling uit zich in de wijze waarop de beelden in steeds grotere mate de ruimte in bezit nemen – zie de god van kaap Artemisium. De architecturale sculptuur krijgt – zoals in de Zeustempel van Olympia – meer allure.

Ook in de vaasschilderkunst is er sprake van de strenge stijl. Vanaf 520 v.C. veroveren de roodfigurale vazen zich een plaats naast de zwartfigurale. Ze brengen, via hun picturale aanpak, vooral vernieuwing door de anatomische precisie en hun expressieve kwaliteiten.

Nadien culmineert het eeuwenlange leerproces in de rijpe stijl. Door volledige beheersing van de materie ontstaan nu volkomen evenwichtige, harmonische kunstwerken, die de sereniteit van de vorige periode paren aan een grotere soepelheid. Myrons Discuswerper – het beeld dat voor het eerst één en al beweging is – en de Dorisch geaarde Speerdrager van Polycletus komen elders ter sprake. Andere opmerkelijke voorbeelden uit die tijd zijn vooral de werken van Phidias en zijn geestesverwanten, zoals de Amazone, en in het bijzonder het Athena-Parthenosbeeld en de andere sculpturen van de Parthenontempel (gevelvelden, metopen, fries – zie verder). Technisch is de perfectie bereikt. Alle lichaamshoudingen worden met een soeverein gemak uitgebeeld. De virtuositeit in de weergave van de ragfijne, mooi neervallende drapering, die de lichaamsvormen goed tot hun recht laat komen, en de plasticiteit van het lichaam leiden nooit tot goedkoop vertoon. Indien ooit, dan is het hier dat we de mens in zijn ideale gedaante voor ogen krijgen. Op het einde van de vijfde eeuw v.C. kondigt de *draperie mouillée* een volgende stijlperiode aan. De gewaden kleven zodanig rond het lichaam, dat de lichaamsvormen onthuld lijken, getuige de sandalenbindende Nice van het Nicetempeltje op de Atheense Acropolis.

Ook op de late roodfigurale vazen en op de graflecythen met witte achtergrond bloeien (parallel met de rijpe stijl van de sculpturen) vrijheid, harmonie en sereniteit, de werken van Phidias waardig. Zo'n groot picturaal meesterschap kan ons alleen maar laten treuren om het verlies van de grote schilderkunst uit die tijd, waar de vaasschilderkunst dikwijls op geïnspireerd lijkt. De onderwerpen stemmen namelijk vaak overeen met de thematiek van de verloren gegane schilderingen die in de literaire getuigenissen vermeld zijn.

Dankzij enkele kopieën van het Athena-Parthenosbeeld en dankzij een aantal literaire getuigenissen – waarvan Pausanias 1,24,5 de belangrijkste is – kennen wij vrij goed het aanschijn van het reusachtige chryselefantiene beeld (vervaardigd uit onder meer ca. 1140 kg goud voor de kledij en de wapens, en uit ivoor voor de vleespartijen). Athena droeg een gewaad dat neerhing tot op de voeten. Op de voor Athena kenmerkende *aegis* (dit is het borstharnas dat een geitenvel nabootste en met slangenkoppen afgezet was) prijkte in het midden een Medusahoofd. Boven op de helm stond een sfinx, omgeven door twee gevleugelde paarden (Pegasus), terwijl op de schuin staande kleppen in vlak reliëf twee griffioenen waren aangebracht. In haar rechterhand hield Athena een circa 120 cm hoge Nice (de overwinningsgodin), en met de linker vatte ze het schild dat aan haar linkerzijde stond. De buitenkant van het schild was versierd met een Amazonomachie, de binnenkant met een Gigantomachie (Plinius, *Naturalis Historia 36,18)*. De kronkelende slang rond haar taille en tussen haar linkerbeen en het schild symboliseerde Erechtheus, de legendarische koning van Athene (een man in slangengedaante, die door Athena was opgevoed). Tegen haar linkerschouder rustte een lans. Op de basis van het beeld prijkte de voorstelling van de geboorte van Pandora (in aanwezigheid van Hephaestus en Athena, en omkaderd door de zonnegod en zijn vierspan en de maangodin op haar tweespan), op de sandaalzolen een Centauromachie. Het zou echter te ver leiden om nader in te gaan op alle iconische elementen. Duidelijk is in elk geval het volgende: Athena is als stadsgodin nauw verbonden met de geschiedenis en de goden van de polis; zij is weerbaar en onoverwinnelijk, en haar strijd viseert vreemde indringers (de Perzen uit het Oosten, de broedervolken uit de Peloponnesus). Deze 'ijzeren maagd' is dus een zorgzame beschermster, maar evenzeer een te duchten kampster die Athene en de panhelleense bondgenoten naar de zege op de vijanden leidde.

Ook de overige Parthenonsculpturen geven een goed beeld van de toenmalige politieke idealen. In het derde jaar van elke Olympiade werd in het Erechtheum door vooraanstaande jonge meisjes een geweven kleed aan Athena aangeboden. Op de Parthenonfries – die binnen in de zuilenomgang hoog tegen de buitenmuur aan de cellawand en boven de westelijke en oostelijke doorgang aangebracht is – wordt precies dit hoogtepunt van het Panathenaeënfeest geïllustreerd.

Op de oostfries, boven de hoofdingang, wordt de centrale scène – de overreiking van de peplos – omgeven door de voorstelling van de eregasten en de kop van de processie. De belangrijkste eregasten waren, naast Atheense notabelen, de twaalf goden die een speciale relatie hadden met de Acropolis, de stad Athene of de Delisch-Attische Zeebond: rechts van het midden zijn

Kopie van Athena-Parthenosbeeld
Datering van het originele beeld: ca. 447-439 v.C.

dat achtereenvolgens Athena, Hephaestus, Poseidon, Apollo, Artemis en Aphrodite met Eros; en links van het midden Zeus, Hera met Iris, Ares, Demeter, Dionysus en Hermes. De rest van de processie zien we uitgebeeld op de noord- en zuidfries: de offerdieren; de wandragers, musici en 'thalloforen' (dragers van olijftakken); de wagens met de 'apobates' (die op en van de rijdende wagens trachten te springen); de ruiters in beweging. Op de westfries ten slotte staan ruiters vertrekkensklaar.

De uitbeelding van de Panathenaeënoptocht vormt slechts een onderdeel van de thematiek die in de Parthenonsculpturen aan bod komt. Phidias en zijn kunstenaarsploeg hebben namelijk als volgt getracht de Pericleïsche politieke idealen in beeld om te zetten. Een nieuwe godin wordt geboren (oostfronton: geboorte van Athena). Zij is een winnares (westfronton: kamp Athena-Poseidon; de Nice op de hand van het cultusbeeld). Onder de hoede van deze schutsgodin zal alles voortaan veranderen. Via voorbeelden van strijdlust uit het verleden (het gevecht Goden-Giganten op de oostmetopen en op het schild van het cultusbeeld; de oorlog in Troje op de noordmetopen; de gevechten met de Amazonen op de westmetopen en op het schild van het cultusbeeld; de overwinning op de Centauren in de scènes op de sandaalzolen van het cultusbeeld en op de zuidmetopen) wordt aan vreemde indringers duidelijk gemaakt dat hun een smadelijke nederlaag wacht, dankzij de samenwerking met de bondgenoten van Athene. Maar er is ook een onmiskenbare waarschuwing aan het adres van de vijandige broedervolkeren (zie de overwinning op de Centauren, die geacht werden van de Peloponnesus afkomstig te zijn). De godin Athena blijkt verder voor Athene en zijn medestanders een beschermster (de griffioenen op de helm van het cultusbeeld) en weldoenster (Pandorascène op de basis van het cultusbeeld). Ten slotte toont de viering van haar feest (fries) hoe goden en mensen harmonisch samenleven.

Maar er is geen reden om ons veel illusies te maken. Deze thematische geladenheid ontging en ontgaat zonder enige twijfel de meeste toeschouwers van vroeger en nu, al was het maar door de gebrekkige wijze waarop de bezoekers van de Acropolis de Parthenonsculpturen te zien kregen en krijgen. De fries bijvoorbeeld lag door de plaatsing in de zuilenomgang nagenoeg volledig in het

Lokalisatie van de sculpturen in de Athena-Parthenostempel
Naar: Woodford 32

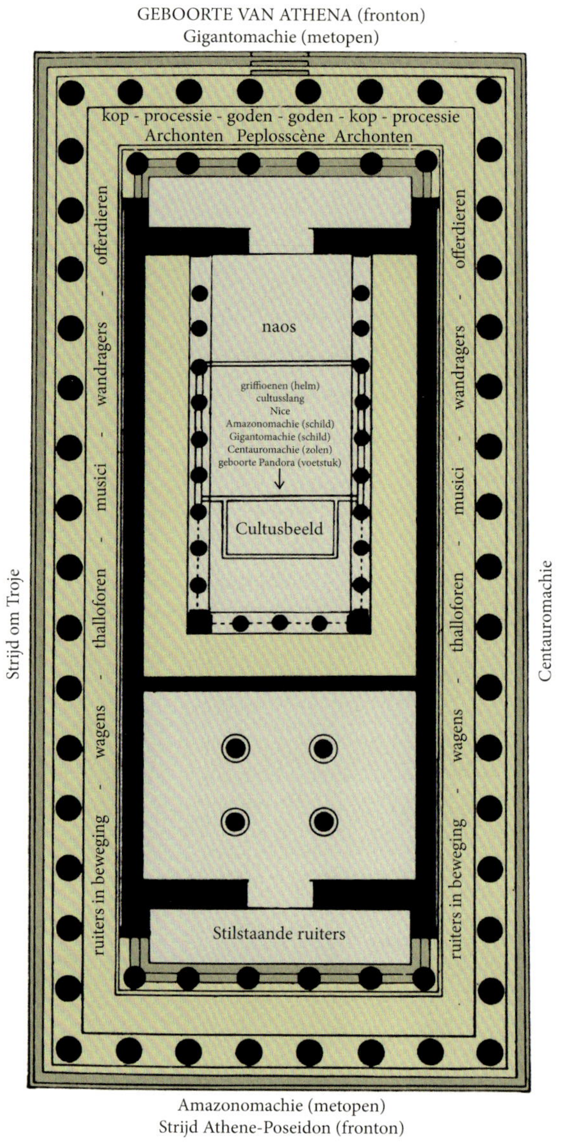

duister en was bovendien om de zoveel meter door de forse zuilen en de slagschaduw aan het zicht onttrokken. Er is nog een andere schaduwzijde. De sterke beklemtoning van de strijdscènes en de oosterse inslag van de optocht (een gangbaar thema in het Oude Nabije Oosten) lijken de verdoken imperialistische aspiraties van Athene te verraden. Pericles en zijn tijdgenoten droomden weliswaar van democratie en saamhorigheid, maar de werkelijkheid was ook toen veel minder fraai.

Met Pausanias op de Atheense Agora en Acropolis

Pausanias leefde in de tweede helft van de tweede eeuw. In zijn *Periègèsis tès Helladas* ('Rondleiding door Griekenland') beschreef hij, op basis van eigen waarnemingen maar ook van oudere bronnen, de bezochte landstreken met hun steden en hun monumenten. De passages over de Atheense Agora en Acropolis verschaffen ons heel wat inlichtingen over de bewaarde monumenten en over de vele andere die in de loop der tijden verdwenen zijn. We moeten er wel rekening mee houden dat, conform de belangstelling van zijn tijd, de resten van vóór 150 v.C. nauwelijks aandacht gekregen hebben.

Pausanias' beschrijving volgt in feite het tracé van de Panathenaeënoptocht. Hij vertrekt van de Dipylonpoort, belandt vervolgens op de Agora, om nadien de Acropolis te bestijgen. We zullen ons hier echter niet beperken tot de monumenten die bij Pausanias voorkomen, maar ook de andere constructies en resten enige aandacht schenken.

De Ceramicus en de Dipylonpoort

De Ceramicus (*Kerameikos*) is de pottenbakkerswijk ten noordwesten van de Agora. De Dipylonpoort verdeelde de wijk in twee delen. Het gedeelte buiten de poort werd van de twaalfde eeuw v.C. tot de vierde eeuw n.C. door de Atheense bevolking als begraafplaats gebruikt, zodat deze zich op de duur over enkele hectaren uitstrekte. Opgravingen hebben er tot uitzonderlijk rijke vondsten geleid, in het bijzonder van grafstèles en grafgiften (vooral ceramiek). Zowat alle periodes van de Atheense aardewerkproductie zijn er vertegenwoordigd: van sub-Myceens (1100-950 v.C.), over protogeometrisch ((950-700 v.C.), geometrisch (950-700 v.C.) tot klassiek (500-400 v.C.), laatklassiek (400-300 v.C.) en hellenistisch.

Het complex van de Dipylonpoort werd aangelegd door Lycurgus (338-326 v.C.), ter vervanging van een ouder bouwwerk uit de vijfde eeuw v.C. Het poortgebouw had een lengte van ongeveer 50 meter en een breedte van ongeveer 30 meter. Het bevatte een buiten- en binnenpoort, beide geflankeerd door twee vierkante torens. De 19 meter brede straat die van de Agora naar de Dipylonpoort leidde werd *Dromos* genoemd. Ze ging buiten de stad over in de weg die uitkwam bij de Academie (een heilig park met *gymnasium* aan de Cesiphusrivier, op 1500 meter van de poort). Ten zuidwesten van het poortcomplex lag het zogenaamde Pompeium. Het werd opgericht in het begin van de vierde eeuw v.C., in 86 v.C. door Sulla verwoest, en onder Hadrianus herbouwd. Het Pompeium, een *gymnasium*, was het vertrekpunt van de Panathenaeënprocessie. Ten zuidwesten lag de Heilige Poort (35 x 12 meter). De heilige weg naar Eleusis en de Eridanusrivier verlieten daar Athene.

De Agora

De Agora was een plein van circa 250 bij 250 meter. Aanvankelijk functioneerde dit terrein als begraafplaats voor de oude woonkernen op de Acropolis- en Areopaagheuvel. Vanaf het begin van de zesde eeuw v.C. groeide de plaats uit tot hét politieke en economische centrum van Athene, maar ook de religieuze betekenis mag niet uit het oog worden verloren.

De oudste teruggevonden graven en bewoningsresten dateren uit de Myceense en donkere periode. De eerste officiële gebouwen werden in de zesde eeuw v.C. aan de westzijde opgetrokken: het oudste prytaneum, het oudste raadhuis (*bouleuterion*), het heiligdom van de Moedergodin (Metroüm), het heiligdom van Apollo Patroüs, het Zeusheiligdom, het heiligdom ter ere van de twaalf goden, de zuidoostfontein, en wellicht ook het oudste gebouw van de volksrechtbank (de *heliaea*). Karakteristiek voor het aanschijn van de Agora was verder de Panathenaeënweg die het plein schuin kruiste (de Grote Panathenaeënprocessie kwam waarschijnlijk circa 565 v.C. tot stand).

Zoals op de Acropolis stellen we een grote bouwactiviteit vast na de Perzische oorlogen. De verwoeste gebouwen werden hersteld en vergroot, en er rezen nieuwe constructies op. In het ronde gebouw dat Cimon rond 465 v.C. bouwde (de *tholus*), met een diameter van 18 meter, vergaderden de prytanen, en ze namen er ook hun maaltijden. Het beroemdste gebouw aan de noordzijde was de zogenaamde Bonte Stoa (*Stoa Poikilè*). Polygnotus versierde deze zuilengalerij circa 470-460 v.C. met schilderingen van de mythische strijd van de Grieken tegen de Trojanen en die van de Atheners tegen de Amazonen, alsook van de historische veldslagen in Marathon en Oinoë. Deze fresco's, geschilderd op houten panelen die met een laagje gips bestreken waren, werden wegens hun artistieke kwaliteiten en thematiek als nationale monumenten beschouwd. Ze werden volgens de overlevering in 400 weggeroofd, zodat we ze nu alleen nog dankzij de beschrijving van Pausanias kennen. Eveneens verdwenen zijn de fresco's die in dezelfde tijd op drie muren van de Hephaestustempel geschilderd werden. Dit gebouw werd later in het Ptolemaeusgymnasium geïncorporeerd. Alle schilderijen hadden betrekking op de nationale held Theseus: het gevecht van de Atheners met de Amazonen, met Theseus als aanvoerder; het gevecht tussen Lapithen en Centauren, waarin Theseus zijn Lapithische vriend Perithoüs terzijde staat; en Theseus die zijn afkomst van Poseidon bewijst door een ring van de bodem van de zee op te halen. De Hephaestustempel – vroeger steevast Theseum genoemd – bevindt zich op een lichte hoogte aan de oostzijde. Deze Dorische peripterus van 32 bij 14 meter telde respectievelijk 13 bij 6 zuilen. Het Hephaesteum werd gebouwd tussen 455 en 440 v.C. Aan de laatste decennia van de vijfde eeuw v.C. danken we het monument van de eponieme heroen (parallel met de gevel van het Metroüm), een nieuw raadhuis ten noordwesten van de *tholus* (het oude werd als Metroüm ingericht), de grote Stoa van Zeus of koninklijke Stoa (46 bij 18 meter) en het er bijbehorende altaar van Zeus Eleutherius, het Strategeum (?), de Zuidwestfontein, het nieuwe gebouw van de Volksrechtbank, de oude Zuidstoa (87 bij 15 meter), de Munt, en ook nog het Gerechtshof in de noordoosthoek dat later de plaats moest ruimen voor de Stoa van Attalus. In de tweede helft van de vierde eeuw v.C. werd vóór het Metroüm een groot Zeusaltaar opgericht. Ten zuiden van de Zeusstoa kwam een nieuwe Apollo-Patroüstempel, waarvoor het kolossale cultusbeeld van Euphranor bedoeld was.

De afsluiting van de Agora aan de oost- en de zuidzijde met stoa's geschiedde in de tweede helft van de tweede eeuw v.C. De reeds vermelde Stoa van Attalus nam de hele oostzijde in (116,5 meter lang, 19,40 meter breed). Attalus II van Pergamum schonk ze tussen 159 en 138 v.C. aan Athene uit erkentelijkheid voor de opvoeding die hij in de stad genoot. Dit bouwwerk had twee verdiepingen en telde 134 zuilen. Het was in Dorische en Ionische stijl opgetrokken uit *poros*-steen en marmer van de Hymettus en de Pentelicon. Aan de zuidzijde van de Agora werd rond 130 v.C. de oude Zuidstoa vervangen door de Middelstoa (147 bij 18 meter), de Ooststoa (40 bij 14 meter) en de nieuwe Zuidstoa (93 bij 8,5 meter). Ze omsloten samen een ruime binnenhof. In die periode werd ook een nieuw Metroüm gebouwd (ten zuiden van de Apollo-Patroüstempel). Voor de Stoa van Attalus plaatste men een groot spreekgestoelte (*bèma*).

De Acropolis

De Acropolis, die aanvankelijk een echte burchtheuvel was, is een ovaalvormig kalkstenen plateau van circa 300 bij 130 meter in het zuiden van Athene. Ten opzichte van de zeespiegel bedraagt de hoogte 156 meter, ten opzichte van de benedenstad 100 meter. Met zijn steile flanken is de Acropolis alleen aan de westzijde betrekkelijk makkelijk toegankelijk.

De oudste sporen van bewoning dateren uit het derde millennium v.C. Vanaf de veertiende eeuw v.C. huisde een machtig koningsgeslacht in de paleizen en cultusplaatsen op het noordelijk gedeelte. Er werd zelfs in de tweede helft van de dertiende eeuw v.C. een burchtmuur rond het hele complex opgetrokken. Deze was 4 tot 6 meter dik en 10 meter hoog. Enkele resten ervan zijn nog steeds zichtbaar. De indrukwekkende steunconstructies aan de zuid-, oost- en noordzijde dateren uit de vijfde eeuw v.C., en waren een initiatief van Cimon en Pericles. Toen werd ook het plateau genivelleerd. Voor deze werken werden onder meer de gebouwen en resten van kunstwerken benut die in 480 v.C. door de Perzen verwoest waren (in de literatuur gewoonlijk *Persenschutt*, het 'Perzenpuin' genoemd). Een van die verwoeste gebouwen was de oude Parthenontempel. Dit gebouw, waarvan de fundamenten onder en naast het huidige heiligdom bewaard zijn, werd in 520 v.C. gebouwd in Dorische stijl. Zelf verving het een nog oudere tempel van 50 bij 100 voet, die daarom gewoonlijk het Hecatompedon genoemd wordt. Hij was opgetrokken in zogenaamde droge baksteen. Ook de Athena-Poliastempel, die vlak naast het Erechtheum ligt en

▸

Hephaestustempel bij de Atheense Agora
Ca. 449-444 v.C.

die vroeger meestal ten onrechte met het Hecatompedon vereenzelvigd werd, kende een vergelijkbare voorloper in droge baksteen. De meeste nu nog zichtbare monumenten dateren alle van na de Perzische verwoestingen, en gaan terug op een volksdecreet uit 456 v.C. De Propyleeën, die een ouder gebouw uit de zesde eeuw vervingen, zijn het werk van Mnesicles. De overige gebouwen – de Parthenontempel, het Erechtheum en de Nicetempel – worden geassocieerd met de namen van Pericles, Phidias en Ictinus. Centraal op het plateau was een reusachtig beeld van Athena Promachus (de 'Voorvechtster') opgesteld, vervaardigd door Phidias. Met de sokkel was het 10 meter hoog. Er stond ook een bronzen vierspan. Minder opvallende gebouwen waren het heiligdom van Artemis Brauronia en de Chalcotheek voor de opstelling van de bronzen wijgeschenken. Het Dionysustheater aan de zuidelijke voet van de Acropolis kwam tot stand van de zesde tot de vierde eeuw v.C. en telde ongeveer 17.000 zitplaatsen. De Stoa van Eumenes, ten zuidwesten van het Dionysustheater, meet 163 bij 17 meter, en dateert uit de tweede eeuw v.C. Iets meer ten noorden bevindt zich ook het uit verschillende gebouwen bestaand Asclepiusheiligdom uit de vijfde-vierde eeuw v.C. Het Odeon van Herodes Atticus daarentegen werd rond 160 n.C. gebouwd, en telde ongeveer 1500 zitplaatsen.

Pausanias over het chryselefantiene beeld van Athena

Het beeld van de godin is van goud en ivoor. Op de helm die ze draagt staat in het midden de beeltenis van een sfinx. (...) Het beeld van Athena is staande. Zij draagt een kleed dat tot op de voeten neerhangt, en op haar borst is een Medusahoofd van ivoor gebeeldhouwd. De godin houdt in de ene hand een Nice van vier ellen hoog en in de andere een lans. Aan haar voeten rust een schild en onder aan de lans kronkelt een slang. Die slang moet waarschijnlijk Erichthonius voorstellen. Op het voetstuk van het beeld staat in reliëf de geboorte van Pandora afgebeeld.

Voor de Atheners zelf was niet de Parthenontempel met zijn schatkamer (*parthenon*, dit is vertrek van de 'meisjes') het eerbiedwaardigst, maar veeleer het Erechtheum met zijn graf van Cecrops, de heilige boom van Athena, het merkteken van Poseidons drietand en het Athena-Poliasbeeld. Het kan echter niet genoeg worden beklemtoond dat de vijfde-eeuwse monumentalisering van de Acropolis als één geheel gezien moet worden. Deze *temenos* ('heilige ruimte') van de Atheners kreeg door de indrukwekkende uitbouw het karakter van het officiële religieuze centrum van heel Griekenland, of in elk geval van de stadstaten die in de Delisch-Attische Zeebond met Athene verbonden waren. De Atheense stadsgodin was er weliswaar haast alomtegenwoordig. Ze is er in de oude Athena-Poliastempel (waarvan de ruïne naast de Parthenontempel is blijven bestaan) en in het Erechtheum als Athena Polias, de beschermster van de *polis.* In het Parthenonheiligdom verschijnt ze als Athena Parthenos, de godin-maagd. In het Nicetempeltje fungeert ze als Athena Nice, de zegebrengende Athena. In een klein heiligdom ten westen van het plateau treffen we ze aan als Athena Hygaea, de gezondheid brengende Athena. Het grote beeld in het midden toont haar als Athena Promachus, de voorvechtster. Dat mag ons niet over het hoofd doen zien dat op de Acropolis ook nog andere goden of halfgoden vereerd werden, zoals Dionysus Eleutherius, Zeus Polieus, Poseidon, Artemis Brauronia, Asclepius, Pandion en andere. Dat illustreert op treffende wijze het polytheïstisch denken van de Grieken.

De uitbeelding van de mens in relatie tot zijn omgeving

De ontwikkeling van de menselijke figuur wordt geïllustreerd via drie beelden van naakte mannen: de Attische *kouros* uit het Metropolitan Museum in New York, te dateren rond 600 v.C.; de *Doryphorus* ('Speerdrager') van Polycletus uit 440 v.C., bewaard in het Museo Nazionale te Napels; de *Apollo Sauroctonus* ('Hagedisdodende Apollo') van Praxiteles uit 360 v.C., bewaard in de Vaticaanse musea.

De confrontatie brengt ons tot enkele vaststellingen. De menselijke gestalte is van uitzonderlijk belang in de antropocentrische en antropomorfe sculptuur van de Grieken.

Uit elk van deze beelden blijkt een andere verhouding van de mens met zijn omgeving. De *kouros* is ideoplastisch, dat wil zeggen uitgebeeld zoals men hem kent. Er is geen relatie met de omringende wereld. Hij staat daar, frontaal en bewegingloos. De *Doryphorus* stelt de 'tot god gemaakte mens' uit de vijfde eeuw v.C. voor. Door zijn contraposthouding met steun- en vrijstaand been ('speelbeen') laat hij een rustige en zelfverzekerde indruk na. Hij maakt gebruik van de ruimte, beweegt zijn ledematen en hoofd en toont daardoor de organische opbouw van zijn lichaam. De *Apollo Sauroctonus* ten slotte is de 'tot mens gemaakte god' uit de vierde eeuw v.C. Hier wordt haast overdreven. De sierlijke elegantie doet wat decadent aan. Zelfs de natuur en een dier worden in de compositie betrokken.

Deze vormelijke evolutie is een weerspiegeling van de overgang van de zesde naar de vijfde, en van de vijfde naar de vierde eeuw. De mens zat eerst nog vast in de collectieve, onpersoonlijke vormen van het mythisch denken. Nadien herkende hij zichzelf als een individu dat een rol te spelen had tegenover de religieuze en politieke gemeenschap, en kwam hij met andere woorden tot een metafysisch bewustzijn. 'Hier sta ik', zegt zijn contraposthouding. In de vierde eeuw ten slotte stonden individualisme en eigenbelang voorop. Het is een van de weinige ogenblikken in de Griekse kunst waarop een meer anekdotische benadering het schijnt te winnen van het ideële.

Fascinerend is wel dat we bij de drie grote tragici – Aeschylus, Sophocles en Euripides – een gelijkaardige inhoudelijke verschuiving vaststellen. Aeschylus (525-456 v.C.) heeft als inspiratiebron de vrijwaring van het recht en de rechtvaardigheid (de *Dice,* die de menselijke activiteiten regelde en de overmoed, *Hybris*, strafte). Hij voert een mens ten tonele die zich tevergeefs weert tegen het meedogenloze lot. Aeschylus' treurspelen zijn meer lyrisch dan dramatisch, dus meer koor dan handeling,

Apollo Sauroctonus
Werk van Praxiteles. Ca. 360 v.C.

Mars van Todi

Discobolus

omdat de protagonist machteloos staat tegenover het noodlot. Diezelfde visie vinden we uitgedrukt in het statisch-frontale en anoniem-ruimteloze van de laat-archaïsche en streng-klassieke beelden. Sophocles (496-406 v.C.) weet meesterlijke karakters te tekenen. Zijn werken laten een evenwicht zien tussen het dramatische en het lyrische. Het blinde noodlot blijft bestaan, maar de mens stelt er zijn hele persoonlijkheid tegenover. Typisch is tevens de harmonie tussen de menselijke gevoelens en gebeurtenissen, tussen vorm en inhoud. Allemaal kenmerken die we ook aantreffen in de sculpturen van Myron, Polycletus en vooral Phidias. Euripides (circa 485-406 v.C.) ten slotte streeft als realist naar een rake karakterschildering en naar de psychologische verklaring van het menselijke handelen. Zijn protagonisten zijn niet langer onderworpen aan de wil van de goden, wel aan de tirannie van de hartstochten. Zijn helden kampen met een innerlijke vijand, passie en verstand bestrijden elkaar. Vandaar Euripides' ingewikkelde intriges en de *deus ex machina* als redplank. Praxiteles, Scopas, Leochares, en later het hellenisme, gaven op rake wijze vorm aan een gelijkaardige pathetiek.

Een verdere stap in de ontwikkeling van de menselijke figuur zien we bij de Mars van Todi, een Etruskisch beeld uit de vierde eeuw v.C.

Door zijn contraposthouding, waardoor het gewicht van het hele lichaam door het rechterbeen gedragen wordt, dijt deze figuur organisch uit in de ruimte; als hoofdas heb je een slingerende S-lijn met een in de ruimte doordringende heupstand en een naar links gedraaid hoofd.

Door de plaatsing van de handen wordt op die hoofdas een naar voren dringende ruimte geënt, die omsloten wordt door de armen en het hoofd. Zo verkrijg je een bij uitstek ruimtelijk en plastisch werkende interpenetratie van volume in de ruimte en van ruimte in het volume.

Artistiek interessant is verder de wijze waarop de Grieken een momentopname in evenwicht hielden. Dat blijkt onder meer uit de confrontatie tussen de *Discobolus* ('Discuswerper') van Myron, uit 450 v.C. en bewaard in de Glyptothek te München, en de *Apoxyomenus* ('Afkrabber') van Lysippus, uit 320 v.C. en nu in de Vaticaanse musea.

De *Discobolus* is uitgebeeld op het ogenblik dat hij door de armzwaai op dat precieze punt gekomen is waarop de voorbereidende slingerbeweging eindigt – dan blijven de benen nog gestrekt – en de uiteindelijke middelpuntvliedende draaibeweging een aanvang neemt, die de schijf in de ruimte zal slingeren, dan zakken de benen reeds door. Wat we te zien krijgen is echter de combinatie van deze twee kort op elkaar volgende momenten (waarop de veer maximaal gespannen is). Dit in evenwicht houden van momentopnames en het combineren ervan kan alleen geschieden door het juist afwe-

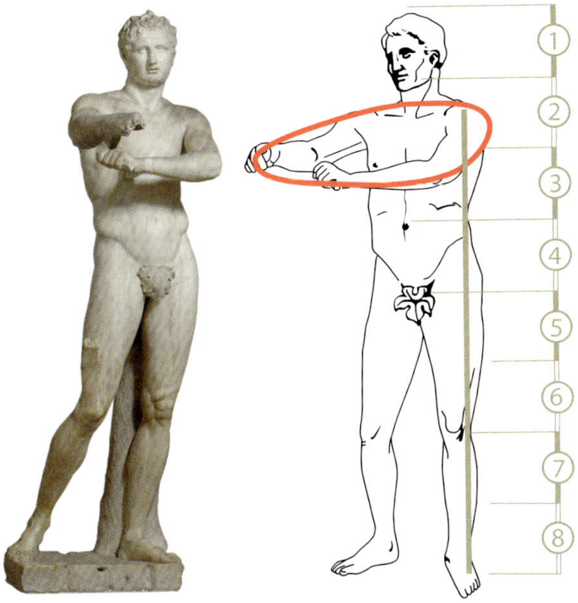

Apoxyomenus

Dionysus van de oostgevel van de Parthenontempel

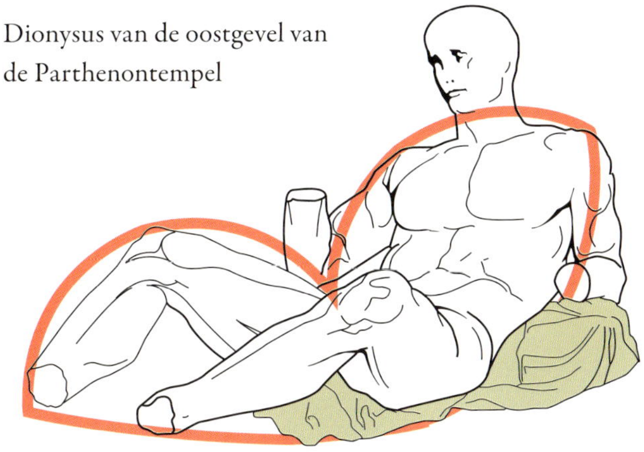

gen van statische en dynamische elementen, met andere woorden van rechte en gebogen lijnen. Statisch is de verticale plaatsing van het rechterbeen, dat als steun én spil dienstdoet. In dit statisch en bijgevolg rechtlijnig kader wordt het dynamische, dus gebogen lichaam ingepast. De linkervoet, de linkerarm en de rechterarm vormen één doorlopend boogsegment, vanuit welke hoek de figuur ook bekeken wordt. Het lijkt zelfs of de romp en het hoofd als een pijl gespannen zijn op de boog van de beide armen en het linkerbeen. Hier is bijgevolg geen atleet in volle beweging geportretteerd, maar werd gestalte gegeven aan de idee van de beweging, omdat dat sterker werkt dan elke reële beweging. De rustige, geïdealiseerde gelaatsuitdrukking en het soepele, niet overdreven gespierde lichaam versterken nog het ideële karakter.

De beweging waarmee de *Apoxyomenus* zichzelf schoon krabt, lijkt wél een momentopname. We zien hier een vierde-eeuwse atleet die slank is (het hoofd gaat acht maal in het gehele lichaam), en zelfs haast verfijnd, daar waar de *Discobolus* overkomt als één stuk gebalde kracht.

Opmerkelijk ook is de radicale doelgerichtheid in een esthetisch zuivere vorm. Die artistieke intentionaliteit illustreren we met twee frontonsculpturen: de Dionysusfiguur van de oostelijke Parthenongevel (vervaardigd tussen 438 en 432 v.C., en bewaard in het British Museum te Londen), en de voorstelling van de Ilissusbeek op de westelijke Parthenongevel.

In deze sculpturen verschijnt het organisch-levende in al zijn kracht. Elke verhalende, anekdotische of literaire aanpak wordt geweerd. De aandacht gaat volledig naar wat in zijn overzichtelijke en plastische eenvoud het subliemste klankbord is van het menselijke, namelijk het naakte lichaam.

De spanning die beide beelden uitstralen komt van het monumentale. Hun innerlijke kracht danken ze enerzijds aan de gesloten vorm – zie de grote boog gevormd door het lichaam, en de kleinere bogen die er de echo van zijn – en anderzijds aan het stuwende leven dat die vorm tracht te doorbreken, de ledematen lijken van het lichaam weg te groeien, de ruimte in (cf. de knieën, schouders en ellebogen).

De gesloten vorm drukt zich niet uit in werkelijke begrenzingen, zoals dat bij de Egyptische teerlingenbeelden het geval was. Het betreft hier fictieve grenzen die zich van binnen uit opdringen. We kunnen dit 'omhulsel' niet betasten, wel al kijkend reconstrueren.

Het oppervlak kreeg een gevarieerd aanschijn door het contrast tussen de meer effen vlakken (die onder de invloed van het licht als heldere vlekken fungeren) en de drapering (aan deze gedeeltes werd met lijnen een reliëfachtig effect verleend, zodat ze een veeleer grijze of zelfs donkere partij vormen).

Belangwekkend is ook het effect van de dynamische rechthoekige driehoek dat we constateren bij de liggende jongeling (de rivier Kladeos?) in de rechterhoek van de oostgevel van de Zeustempel te Olympia, uit 465-457 v.C. enerzijds, en de stervende Galliër anderzijds.

De riviergod is op geen enkele wijze anekdotisch, maar laat ons het type – of liever nog de idee – van de 'liggende jongeling' zien. Het sober uitgewerkte lichaam correspondeert volledig met de toenmalige strenge stijl. De stervende Galliër is in alle opzichten hellenistisch; zijn veeleer grafisch-picturaal borstelig haar, zijn pathetische pose, de overdreven beklemtoning van zijn anatomie maken van dit werk de evocatie van een naturalistisch gebeuren.

Er is een harmonische afwisseling tussen de vlakwerking van het naakt en de lijnwerking van de drapering, wat een mooi spel van licht en donker veroorzaakt. Dat gebeurt vooral op de plaatsen waar de drapering het lichaam nog laat vermoeden (met heldere partijen te midden van de donkere stromingen van de plooien).

Bij beide sculpturen is de begrenzende vorm een rechthoekige driehoek met een dynamische hypotenusalijn, die de aandacht richt naar de bovenhoek, in casu het hoofd. In Olympia wordt deze hypotenusa gevormd door de bovenzijde van het gevelveld. De liggende figuur leidt bijgevolg de blik van de toeschouwer naar de top van het tympanon, en blijkt daardoor te kaderen in het grote architectonische stramien. De rechthoekige driehoek bij de stervende Galliër is niet uit een architectuurraal kader gegroeid, en bijgevolg zelfstandiger, spitser en in zijn effect heftiger dan dat voor de riviergod Kladeos het geval is.

Een laatste kenmerk, namelijk de organisch-ruimtelijke concipiëring, blijkt uit twee latere werken.

Het gaat vooreerst om een Romeinse kopie van de badende Aphrodite van Doidalsas. Ze stijgt op uit de

Illisus van de westgevel van de Parthenontempel

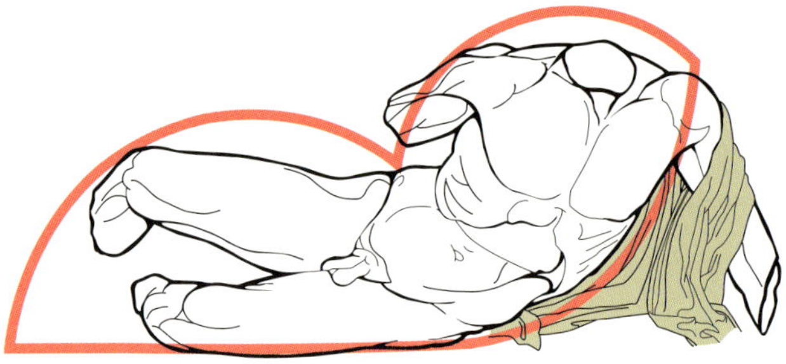

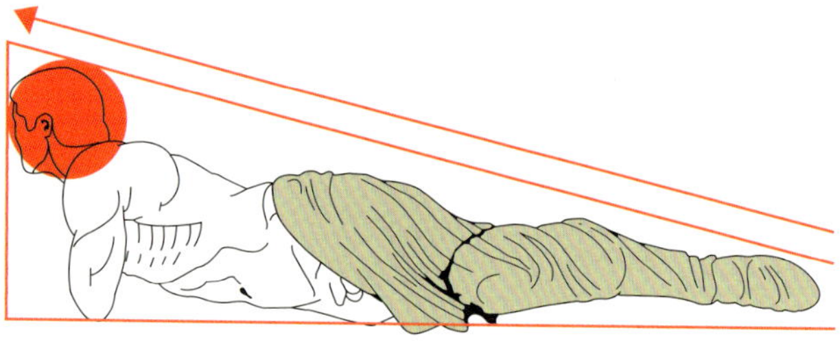

Liggende jongeling in Olympia

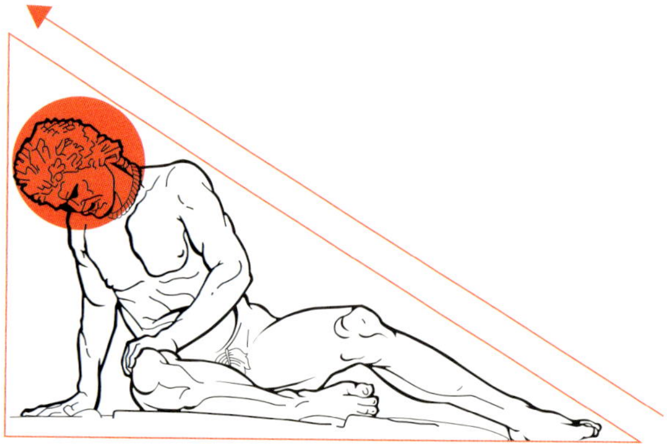

Stervende Galliër

Badende Aphrodite

Laocoöngroep

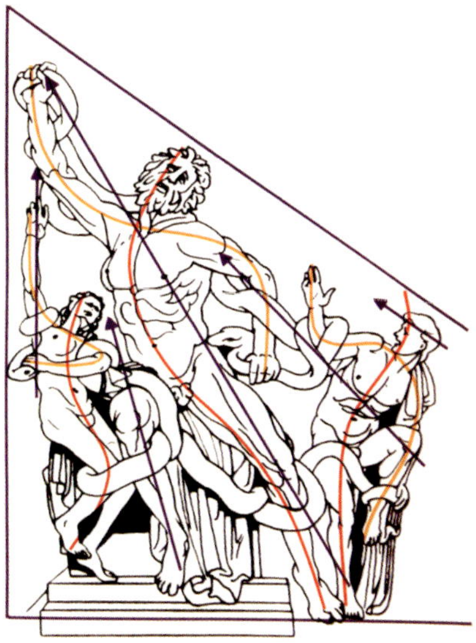

zee en spreidt vermoedelijk koket haar haren zoals de Aphrodite uit Rhodus het doet. De fictieve verbeeldingsgrenzen – die wij wel niet op de tast gewaarworden, maar die wij toch in hun beslotenheid aanvoelen – vormen een gelijkbenige en bijgevolg rustige driehoek. Het gehurkte meisje is organisch verbonden met de ruimte. Het innerlijk leven tracht de beslotenheid van het beeld te doorbreken door de vormen naar buiten te stuwen: zie hoe alle onderdelen in verschillende richtingen van het lichaam weggroeien (het hoofd naar rechts, een borst naar links, een knie naar links boven, een andere knie naar rechts beneden). Verder dringt niet alleen het lichaam in de ruimte door, maar dringt ook de ruimte op haar beurt in het beeldvolume binnen.

Daarnaast is er de marmeren kopie van de Laocoöngroep, 242 centimeter hoog, en rond 70 n.C. voor het paleis van Titus gemaakt door de Rhodische kunstenaars Hagesandrus, Polydorus en Athenadorus, nu in de Vaticaanse musea. Het verloren gegane bronzen origineel stamde uit de Pergamenische school en mag rond 140 v.C. worden gedateerd.

Er is een duidelijke voorkeur waarneembaar voor gebogen en golvende lijnen, die expliciet het organisch-levende vertolken. De groep is te vatten in een rechthoekige en bijgevolg onrustige en dynamische driehoek met een excentrisch zwaartepunt in de linkerbovenhoek, de krachtige rechterelleboog. Alle lijnen stromen naar één magnetisch punt, namelijk: de rechterhand (wat vóór de restauratie, toen de arm nog niet gebogen was, nog sterker uitkwam). Ondanks de vele figuren komt de groep toch niet te druk over. De drie figuren zijn overzichtelijk in een vlak opgesteld. In de binnencompositie slingeren zich nog drie hoofdassen: de verticale lichaamsassen van de vader en de beide zonen; op de hoofdassen zien we dwarsassen (de assen gevormd door de zich in een vlak bewegende armen).

Het is interessant om even de hellenistische beeldengroep te vergelijken met een illustratie van circa 450 n.C. in het Vaticaanse Vergiliushandschrift, om te zien dat een keurige weergave van het verhaal niet volstaat. Het dramatisch gebeuren komt veel sterker tot uiting als de narratieve gegevens worden ingepast in een esthetisch concept dat voor een duidelijke meerwaarde zorgt.

Opkomst van nieuwe machtigen (400-336 v.C.)

Op het einde van de vierde eeuw v.C. kon een Griekse stad architecturaal gedefinieerd worden als: een aantal administratieve gebouwen, een *gymnasium*, een theater, een centrale markt of Agora, openbare fonteinen, en tamelijk solide huizen. Tussen de steden met een van deze of alle karakteristieken is Priene, zoals het na 350 v.C. herbouwd is, het spectaculairst te noemen. Maar Olynthus is beter bewaard. Na de verwoesting in 348 n.C. werd de stad immers verlaten. De overgebleven resten geven een voortreffelijk beeld van een zogenaamd Hippodamiaans stadsplan.

De man die Olynthus verwoestte, was Philippus II van Macedonië. Tien jaar later, na de beslissende slag van Chaeronea in Boeotië (338 v.C.), bracht hij de Grieken met geweld samen in een verbond, dat openlijk bedoeld was om een krijgscampagne te ondernemen tegen het tanende Perzische Rijk. Op basis van de aardewerkvondsten heeft men tot nog toe gemeend de politieke en militaire zwakte van het Egeïsch gebied in verband te kunnen brengen met een economische terugval. Dat is echter duidelijk in tegenspraak met belangrijke architecturale resten zoals in Messene, Megalopolis en Epidaurus (alle op de Peleponnesus). Het is zelfs zo dat de Griekse randgebieden economisch niet langer de mindere waren van het kerngebied, zie bijvoorbeeld de kolonies in het Zwarte Zeegebied. Zo besloeg in Panticapaeum het stadsareaal een oppervlakte van honderd hectare. En in Chersonesus kreeg niet alleen de eigenlijke stad, maar ook het omringende

▲

Type van een hellenistische woning

▶

Gouden krans
Uit het graf van Philippus. Laatste derde vierde eeuw v.C.

▶

Asclepiusheiligdom van Epidaurus
Naast de plaats van de offers voor Asclepius bevindt zich een deel van de lighal voor de zieken en de eigenlijke tempel.

platteland (meer dan tienduizend hectare) een zogenaamde Hippodamiaanse planning.

Panticapaeum, de hoofdstad van de Bosporus, is trouwens een goed voorbeeld van de wijze waarop, na de vijfde-eeuwse bloei van de democratie onder de leiding van Athene, de Griekse wereld in toenemende mate onder de invloed van machtige alleenheersers kwam. Dat konden Grieken zijn, maar ook gehelleniseerden zoals Mausolus van Carië. Philippus zelf was formeel gezien een Griek. Macedonië is echter pas kort voordien bij de eigenlijke Griekse beschaving aan gaan leunen, en was voor de Grieken in hoofdzaak interessant als houtleverancier. Philippus slaagde er evenwel in zijn koninkrijk één te maken, de strategisch cruciale rol van Amphipolis uit te spelen, en de goud- en zilvermijnen van het Pangaeumgebergte te ontginnen. Zo is Macedonië de leider van Griekenland geworden.

Naar aanleiding van Philippus' overwinning in Chaeronea in 338 v.C. werden herinneringsmonumenten opgericht in Megalopolis, Olympia en mogelijk Nemea. Maar het duidelijkste beeld van de macht van Macedonië en van de vierde-eeuwse smaak is in Vergina, het oude Aegae, te zien. Daar werden koningsgraven ontdekt die verbluffende grafgiften in goud (onder meer het diadeem uit het zogenaamde graf van Philippus), zilver, ijzer en brons bevatten.

In de architectuur van deze periode krijgt het Corinthisch kapiteel zijn definitieve vorm. Het wordt vooral aangewend in de *tholus*, zoals het Asclepiusheiligdom van Epidaurus en het Lysicratesmonument in Athene.

In de beeldhouwkunst kreeg de zogenaamde schone stijl de bovenhand. Het geesteklimaat veranderde grondig onder de invloed van de rampzalige oorlogen en door het optreden van de filosofen (de sofisten, Socrates). Dat heeft een algemeen streven naar een doorgedreven individualisering en humanisering voor gevolg – fenomenen die in de hellenistische periode de hoofdtoon zullen uitmaken. Het niet-geïndividualiseerde idealisme en het geestelijk evenwicht gingen teloor. Realisme en de expressie van gevoelens werden de nieuwe trends. Bij de overgangsfiguren vinden we onder meer Cephisodotus, de maker van Eirènè en Plutus. De

hoofdfiguren zijn echter Scopas, Praxiteles en Lysippus. Kenmerkend voor Scopas zijn de brede en massieve figuren, de diepliggende en sterk omschaduwde ogen, de halfopen mond, de pathetische gelaatsuitdrukking. De rust, sereniteit en het innerlijk evenwicht van de vijfde eeuw v.C. worden in Scopas' kunst verdrongen door een nieuw, allesoverheersend element, namelijk de pathos. Dat blijkt bijvoorbeeld uit zijn Pothos ('Liefdesverlangen') – en zijn beeld van een bacchante. Praxiteles moet het hebben van delicate, slanke vormen, die aan zijn sculpturen gratie, schoonheid en jeugd verlenen. Ook hij verlaat dus het type van de ideale mens. De lichaamshouding krijgt bij hem de vorm van de letter S, de proporties worden uitgelengd, de lijnen zijn vloeiend, de weergave week en vrouwelijk, de gezichten met hun verfijnde glimlach zacht. Met Praxiteles doen gevoeligheid en zinnelijkheid hun intrede in de beeldhouwkunst, zie de Hermes van Olympia, de Aphrodite van Cnidus, de Apollo Sauroctonus. Lysippus ten slotte is in veel opzichten een vernieuwer. Zo paste hij een nieuwe proportiecanon toe: de lengte van het hoofd bedraagt één achtste van het gehele lichaam, waardoor de figuren groter schijnen en een slanker aanschijn krijgen. Waar de vroegere beeldhouwwerken steeds een achtergrond veronderstelden (omdat ze slechts vanuit één gezichtshoek bekeken werden), laat Lysippus ze nu ten volle in de ruimte doordringen. Zijn werken krijgen bovendien van binnenuit een beweeglijkheid, door de oriëntatie van hoofd, romp en ledematen in verschillende richtingen. Door deze suggestie van continue verandering, van het transitorische is het alsof de handeling op elk ogenblik gewijzigd kan worden. Bekende voorbeelden zijn Alexander met lans, de rustende Heracles en de Afkrabber.

Ook in de schilderkunst is men nieuwe wegen opgegaan en werd er gezocht naar grotere expressiviteit door het gebruik van meer kleuren. Erg geliefd waren de kleine vaasjes, bestemd voor toiletartikelen. Athene kreeg echter zware concurrentie te verduren vanwege de Zuid-Italiaanse ateliers, die vaak uitpakten met nogal protserige siervazen.

Hermes met Dionysus als knaapje
Uit Olympia. Werk van Praxiteles. Ca. 350-330 v.C.

Chrysippus
Werk van Euboulides (?). Romeinse kopie van beeld uit ca. 200 v.C.

Italiotische krater
Midden vierde eeuw v.C. Zijde met het offer van Polyxena.

De ontdekking door Manolis Andronikos in 1977-1978 van de oude stad Aegae, de vroegere hoofdstad van de Macedonische koningen, zorgde voor een ware schokgolf in de archeologische wereld. Hoewel de residentie van de Macedonische vorsten op het einde van de vijfde eeuw v.C. naar Pella verplaatst was, op zowat 40 kilometer daarvandaan, bleef Aegae de begraafplaats van de koningen. Vooral het blootleggen van enkele belangrijke graven bracht opwinding teweeg, te vergelijken met het enthousiasme voor Schliemanns ontdekkingen in Troje en Mycene. De grafvondsten bevinden zich sinds 1980 in het museum in het dorpje Vergina, in de onmiddellijke nabijheid van de koningsgraven.

Naast funeraire stèles uit de aarden heuvel die het gravencomplex afschermde, kwamen vooral enkele funeraire constructies aan het licht. Zo was er een verwoeste grafkamer en een Heroüm voor de cultus van de overleden koningen, waar een fresco met de roof van Persephone is aangebracht.

De opgraver Andronikos had echter vooral oog voor een grafkamer waarin een schedel met beschadigde oogkas aangetroffen was. Verloor Philippus II, de vader van Alexander de Grote, niet zijn oog toen hij getroffen werd door een pijl? De beenderresten lagen bovendien in een in het oog springend gouden kistje, versierd met een stralende zon, een symbool dat door Alexander de Grote wereldwijd verspreid raakte en ook vandaag nog in de streek als nationalistisch symbool geldt.

De kans is inderdaad groot dat we hier met het graf van Philippus II te doen hebben, hoewel sommigen denken aan Philippus III, de halfbroer van Alexander de Grote. Het geheel meet 9,50 bij 5,50 meter en bestaat uit een voorkamer en de eigenlijke grafkamer. De voorgevel met een deur in marmer heeft de vorm van een Dorische tempel, die versierd is met trigliefen en metopen en daarboven met een beschilderde Ionische fries waarop we een jachtscène aantreffen. Drie ruiters en zeven jagers te voet achtervolgen een leeuw, een hert en een beer. Een van de ruiters die een baard draagt, wordt als Philippus geïdentificeerd, en een andere als zijn zoon Alexander. Mogelijk gaat het om een werk van Philoxenes en Nicomachus.

Ook de verdere uitrusting van de eigenlijke grafkamer verdient onze aandacht. Het reeds vermelde kistje met de as en de kroon staken in een marmeren sarcofaag. Andere vondsten waren wapens, voorzieningen voor een *symposium* en het houten praalbed dat met goud, glas en ivoor bezet was. De voorkamer had een gelijkaardig meubilair, klaarblijkelijk bestemd voor Cleopatra, Philippus' laatste vrouw.

Het sterk gelijkend, maar kleiner laatste graf zou voor Alexander IV, de zoon van Alexander de Grote, bestemd zijn geweest. De asurne was een zilveren hydria, met een gouden bladversiering rond de hals. Op de katafalk is Dionysus met een *aulos*-speler en een sater voorgesteld.

Gouden kistje
Macedonisch zonnesymbool op deksel.

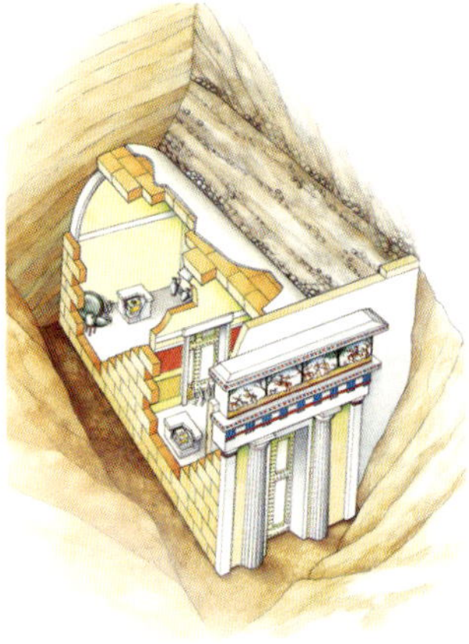

Macedonisch graf
Doorsnede van het vermoedelijke graf van Filippus II en van de aarden heuvel die er later ter bescherming boven aangelegd werd.

De hellenistische heersers (na 336 v.C.)

Alexander de Grote, die regeerde van 336 tot 323 v.C., voltooide de taak van zijn vader Philippus. Zijn veroveringen waren de voorafbeelding en de aanvang van de hellenisering van het hele Nabije Oosten. Het brandpunt van de Griekse wereld lag voortaan niet langer in Griekenland zelf en in de steden langs de oostelijke kust van de Egeïsche Zee (zoals Milete, Smyrna en Efeze), maar in het binnenland van Klein-Azië, Noord-Syrië en Egypte.

Het immense rijk van Alexander was geen lang leven beschoren. Na zijn dood in 323 v.C. maakten zijn veldheren, de zogenaamde Diadochen, zich er meester van en vestigden het hellenistisch statenstelsel, dat tot de heerschappij van de Romeinen bleef bestaan. De belangrijksten waren Antipater in Macedonië en Griekenland, Lysimachus in Thracië en een gedeelte van Klein-Azië, Ptolemaeus in Egypte, Seleucus in Syrië, Mesopotamië en de verder afgelegen oostelijke gebieden, en Antigonus in de rest van Klein-Azië. In 301 v.C. kwam het tot een voorlopige consolidatie.

Het archeologisch dossier dat van het helleniseringsproces getuigt, is rijk maar vrij onoverzichtelijk. De vele hellenistische steden in Klein-Azië, Syrië en Palestina, Mesopotamië, Perzië en de Bactrische koninkrijken in Afghanistan waren dikwijls nieuwe stichtingen met vooral een militair karakter, maar ook administratieve herschikkingen van kleinere nederzettingen tot een nieuwe grote stad. Een blik op een kaart laat ons steden ontdekken als Antiochië aan de Maeander, Laodicea, Apamea, Seleucia, Sidera, Apollonia, Antiochië in Pisidië, Laodicea Catacecaumene, Seleucia aan de Calycadnus, Alexandrië. Er zijn er echter nog heel wat meer. Zij bevatten meestal prachtige, complexe openbare gebouwen en brede straten en pleinen. Wij weten echter nauwelijks iets af van de armere kwartieren in

▲
Alexandermozaïek
Romeinse mozaïek naar een origineel uit ca. 300 v.C. Bewaard in Napels, Museo Nazionale. De slag bij Issus met Alexander de Grote (links) en Darius (rechts) als protagonisten.

Aphrodite van Melos
'Venus van Milo'. Ca. 200 v.C. of later.

Nice van Samothrace
Ca. 200 v.C. of later.

die steden, en nog minder van het meer traditionele platteland – zo noodzakelijk voor de bevoorrading van de steden die niet aan de kust lagen – met zijn vele dorpen en nederzettingen. Er gaapte blijkbaar een brede kloof tussen de welvarende stedelijke centra en het verpauperde ommeland (waar bijvoorbeeld banditisme een dagelijkse realiteit was).

In de architectuur wordt nu bij de vele nieuwe stadstichtingen voor het eerst systematisch van een urbanistische visie vertrokken, vooral door de keuze van een regelmatig grondplan. Ook worden vaak hele complexen opgetrokken. Daarbij wordt een voorkeur getoond voor immense terrasstructuren. Een grotere monumentaliteit en theatrale effecten zijn het gevolg, zie Pergamum. Verder ontstaan er ook nieuwe bouwtypes, of worden bestaande grootser opgevat (zoals het *bouleuterion* van Milete).

In de beeldhouwkunst zetten de humanisering en individualisering en ook het tonen van gevoelens en hartstochten (slaap, lach, tederheid, wellust, dronkenschap) zich verder door. Ook blijkt nu, zeker in de portretkunst, een grotere aandacht voor randfiguren: kinderen, oude mensen, andere menstypes, lelijke en misvormde personen en dergelijke. In de vormgeving is de gedaanteverandering navenant: virtuositeit in de anatomische weergave; durf en beheersing in de uitbeelding van de moeilijkste houdingen; gevarieerde en complexe uitvoering van de drapering; grootsheid en vindingrijkheid in de compositie; grotere afmetingen.

Er vallen vier hoofdrichtingen te signaleren.

In de classicerende stijl leeft de zuiver-klassieke aanpak voort, zie bijvoorbeeld de Aphrodite van Melos en de Nice van Samothrace.

De naturalistische richting, een soort barokfase, brengt de innovaties het scherpst tot uiting, zoals de meeste sculpturen in Pergamum, maar bijvoorbeeld ook de Laocoöngroep (eveneens uit Pergamum?).

De sfumatostijl opteert voor een vage aflijning en zacht ineenvloeien van vlakken, zie bijvoorbeeld de Tanagrabeeldjes.

De imitatiestijl of het Neo-Atticisme ten slotte stelt het ver verleden (zesde tot vierde eeuw v.C.) als norm, wat tot verschillende pseudo- en mengstijlen leidt.

De vaasschilderkunst raakte snel in verval op het einde van de vierde eeuw v.C. Opmerkelijk voor Zuid-Italië is evenwel dat soms een polychrome stijl werd toegepast, die te vergelijken is met de grote schilderkunst zoals wij die – zij het zelden – aantreffen op stèles, panelen en fresco's. Ook werden in de hellenistische periode vaak metalen prototypes nagebootst.

ALEXANDRIË, HAVENSTAD EN CULTURELE ATTRACTIEPOOL

Van de rijke en om haar schoonheid bekende metropool Alexandrië is nauwelijks iets bovengronds bewaard gebleven, maar sommige monumentale resten zijn nog op de bodem van de zee te zien. Alexander de Grote stichtte de naar hem genoemde stad in 332/331 v.C. De stad was van meet af aan groots opgevat, met talrijke faciliteiten voor optochten en openbare feestelijkheden. Ptolemaeus I (323-285) maakte Alexandrië tot hoofdstad, in plaats van Memphis. Zijn opvolger, Ptolemaeus II (285-246), schonk de stad veel monumentale gebouwen. Het bekendst zijn de vuurtoren op het eiland Pharus en het Museum (*Mouseion*), het beroemde centrum van wetenschap dat de grootste bibliotheek van de oudheid bezat.

De vuurtoren, die bekendstond als een van de zeven wereldwonderen, werd opgetrokken rond 280 v.C. Hij deed eerst dienst als baken overdag, maar werd vanaf de eerste eeuw v.C. uitgerust met verlichting, zodat hij 's nachts op 80 kilometer zichtbaar was. De vermoedelijk ongeveer 100 meter hoge toren was in drie verdiepingen opgebouwd uit witte natuursteen en wit marmer: eerst een vierkante basis, daarboven een octogonaal, en ten slotte een ronde constructie als bekroning. De brandstof was vermoedelijk olie. Metalen platen zorgden er als spiegels voor dat de vlam richting zee gekaatst werd.

Het Museum trok van heinde en ver geleerden aan, die er opzoekingen konden verrichten en ervoor betaald werden door de Ptolemaeën (later door de Romeinse keizers of bibliofielen). Filosofie en natuurwetenschappen stonden centraal, terwijl je voor de literatuur in de aanpalende bibliotheek terechtkon. Men schat dat er zowat een half miljoen papyrusrollen beschikbaar waren, het equivalent van 50.000 tot 60.000 moderne boeken (een boekrol bevatte zowat twintig tot veertig bladzijden van een boek nu). Onder de Romeinen had de bibliotheek evenwel te lijden onder desinteresse en verwaarlozing. Over de verwoesting van het gebouw bestaat geen zekerheid (mogelijk werd het vernietigd toen de christenen heidense bouwwerken sloopten, of eventueel tijdens de Arabische overheersing).

Ook op artistiek vlak nam Alexandrië min of meer

Pharus, de vuurtoren van Alexandrië

het voortouw. Het ptolemeïsche hof en zijn omgeving stimuleerden de vervaardiging van luxueus kunsthandwerk: rijk bewerkt zilveren serviesgoed, kleurig glaswerk, geglazuurd aardewerk, snijwerk in agaat en andere gesteenten enzovoort. Het bonte straatleven, typisch voor een grote stad, inspireerde tot terracottabeeldjes met volks en karikaturaal karakter. Ook de portretkunst nam een hoge vlucht. Gewoonlijk stelt men ook dat de uitbeelding van landschappen een Alexandrijnse schepping is.

Prestigieus Pergamum

Pergamum in Mysia (noordwestelijk Klein-Azië, nu Bergama) was oorspronkelijk een kleine vluchtheuvel. Pas na de dood van Alexander de Grote in 323 v.C. trad de plaats uit de anonimiteit. In 283/282 werd Pergamum, dankzij de halfinheemse eunuch Philaeretus de hoofdstad van een vorstendommetje, dat door zijn neef Eumenes in 263 v.C. tot grote bloei werd gebracht. Diens neef en opvolger, Attalus I, nam zelfs de koningstitel aan in 241 v.C. Zijn rijk omvatte het welvarendste deel van Klein-Azië. Eumenes II ging zelfs als beschermer van de cultuur de concurrentie aan met Alexandrië en stichtte eveneens een grote bibliotheek. Het verhaal wil dat Ptolemaeus daarom de uitvoer van papyrus verbood, het gangbare materiaal voor boekrollen. Pergamum schakelde noodgedwongen over op geprepareerde huid van runderen en schapen, bekend als perkament (afgeleid van Pergamum?).

Vooral de site bij de bovenburcht is nog steeds indrukwekkend. De stad is opgebouwd tegen een 310 meter hoge steile helling, op verscheidene terrassen die schuin op elkaar staan. Vertrekkend van de beneden-Agora, kom je op de terrassen met het *gymnasium* en het Demeterheiligdom. Ten slotte is er de monumentale zone met het koninklijk paleis met bijgebouwen, het heiligdom van Athena, het Zeusaltaar, de Agora en het theater.

Bovenburchtzone van Alexandrië
Maquette.

Dé blikvanger van Pergamum was ongetwijfeld het monumentale altaar voor Zeus en Athena Nicephorus, dat liefst 36,44 bij 34,20 meter meet, en zowel van binnen als buiten de stad een overweldigende indruk gemaakt moet hebben. De hoge zuilengalerijen stonden op een hoge sokkel, die met een buitenmaatse fries in hoogreliëf versierd was. Het onderwerp is traditioneel, namelijk de strijd tussen Goden en Giganten. Maar de klassieke aanpak die we bijvoorbeeld in Athene hebben ontmoet, wordt hier met heftige pathos uitvergroot.

Fries van het Zeusaltaar in Pergamum
Athena rukt Alcyoneus weg van zijn moeder Gaea en timmerlui maken het bootje klaar waarmee Augè, Telephus' moeder, in ballingschap zal vertrekken.

IV

IV

{ *deel 4* }

ROMEINSE EFFICIËNTIE EN LEVENSLUST

De ordening in dit gedeelte over de westmediterrane wereld is tegelijk geografisch en chronologisch. Meer specifiek wordt, na een overzicht van de brons- en ijzertijd in West-Europa, ingegaan op de rol die respectievelijk de Grieken, Feniciërs, Etrusken en Romeinen in het oude Italië, en – wat de Romeinen betreft – in de hele mediterrane wereld en het grootste gedeelte van West-Europa, gespeeld hebben.

~

Brons- en ijzertijd in het Westen

◂
Processie van timmerlui
Pompejaans fresco uit de Bottega del Profumiere. Eerste eeuw n.C.

In West-Europa heeft de neolithische levenswijze zich minder snel verspreid dan in het Oude Nabije Oosten, en zelfs dan in het oostelijk Middellandse Zeegebied. Meer nog, zelfs op het einde van het derde millennium v.C. bleven nogal wat stammen het zwervend bestaan van de neolithische verzamelaars-vissers-jagers min of meer volhouden. Ze gingen hoogstens over tot het begin van veeteelt en de vervaardiging van terracottavaatwerk. Kenmerkend voor het westelijk Middellandse Zeegebied en Atlantisch Europa was tevens dat de oprichting van de megalithische gemeenschapsgraven, na een start in de tweede helft in het vierde millennium, een hoogtepunt bereikte in het derde millennium. Het einde van het derde millennium ten slotte zorgde voor migraties van bevolkingsgroepen zoals de zogenaamde Strijdhamervolkeren (wellicht van Euraziatische oorsprong, en gekenmerkt door de strijdhamers uit harde steen), de zogenaamde Klokbekerlieden (mogelijk afkomstig van het Iberisch schiereiland; ze danken hun naam aan de

Dido en Aeneas

Een van de bekendste verhalen uit de klassieke oudheid is de tragische liefde tussen Dido, de legendarische stichteres en koningin van Carthago, en de Trojaanse held Aeneas. Vergilius laat Dido, wiens Tyrische of Fenicische naam Elissa was, verliefd worden terwijl Aeneas na de val van Troje op weg is naar Italië. Dido verzette zich aanvankelijk tegen haar passie. Haar zus Anna raadde haar echter met aandrang aan om toch maar aan de liefde toe te geven, want zo kon ze een sterke bondgenoot tegen Iarbas winnen. De plichtbewuste *pius Aeneas* verliet haar echter om zijn goddelijke opdracht te vervullen, waarop Dido zelfmoord pleegde. Wie kan zonder ontroering Berlioz' *Les Troyens* beluisteren? We verwijzen hier graag naar het pakkende liefdesduet in de Idagrot tussen beide protagonisten in *Acte IV, nr. 37*:

Didon *Nuit d'ivresse et d'extase infinie*
Énée *Blonde Phoebé, grands astres*
versez sur nous lueur bénie;
Fleurs des cieux, souriez à l'immortel amour!
Didon *Par une telle nuit, le front ceint de cytise,*
Votre mère Vénus suivit le bel Anchise
Aux bosquets de l'Ida
Énée *Par une telle nuit, fou d'amour et de joie,*
Troilus vint attendre aux pieds des murs
de Troie
La belle Cressida
(...)
Par une telle nuit la pudique Diane
Laissa tomber enfin son voile diaphrane
Aux yeux d'Endymion.
Didon *Par une telle nuit le fils de Cythérée*
Acceuillit froidement la tendresse enivrée
De la reine Didon
Énée *Et dans la même nuit hélas! l'injuste reine*
Accusant son amant, obtint de lui sans peine
Le plus tendre pardon.

Maar kort nadien horen we een dwingend bevel ter attentie van Aeneas:

Ombres *Italie! Italie! Italie!*

De Etrusken

Het Etruskisch gebied situeert zich in het noorden beneden de Arno, in het zuiden boven de Tiber, in het westen links van de Tyrrheense Zee en in het oosten rechts van de Apennijnen. Dit vruchtbare vulkanische gebied met zijn vele ertslagen had, zeker vanaf de ijzertijd, heel wat troeven voor zijn bewoners.

De ontwikkeling van steden begon in de negende eeuw v.C., met name nog in de Villanovaperiode (zie hoger). Op de meeste plaatsen groeiden deze nederzettingen uit tot de latere Etruskische centra. Er wordt daarom steeds minder geloof gehecht aan de bewering van Herodotus, Hellicanus en andere geschiedschrijvers dat de Etrusken uit het Oosten (Lydië volgens sommigen) geïmmigreerd zijn. De continue bewoning pleit integendeel voor de uitspraak van Dionysius van Halicarnassus dat de Etrusken op de inheemse bevolking teruggaan. Wel kan er sprake zijn van een beperkt aantal immigranten, die voor een injectie met nieuw bloed zorgden.

Hoe zien deze Etruskische steden eruit? De belangrijkste aan de kust zijn Cerveteri (Caere), Tarquinia en Vulci, en in het binnenland Vei, Chiusi, Perugia en Volterra. Deze steden, die niet volgens een vast patroon opgetrokken waren,

▸
Dido en Aeneas in de liefdesgrot
Pompejaans fresco uit de Casa del Citarista. Ca. 10 v.C.-45 n.C.

Nîmes, Maison Carrée
16 v.C.

Arles, amfitheater

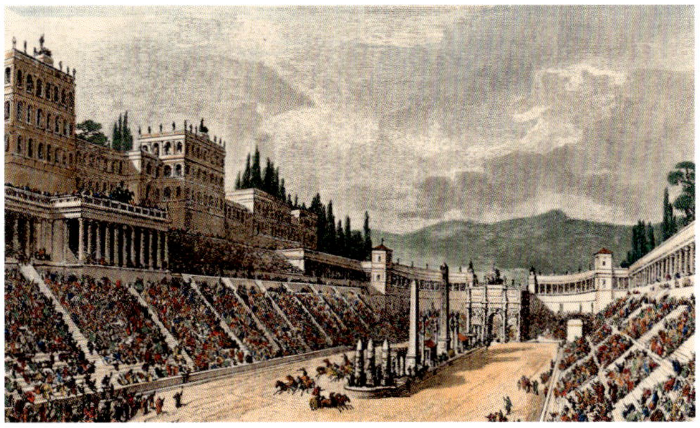

Rome, Circus Maximus. *Reconstructie.*

Rome, Thermen van Caracalla. *Maquette en reconstructie.*

brachten, bijvoorbeeld rechtszaken, markten, financiële handelingen, vermaak, cultuur, en was min of meer het equivalent van onze evenementenhal.

Theaters

Het theater vormde bij de Romeinen een volledig zelfstandige constructie, en leunde niet – zoals bij de Grieken – tegen een natuurlijke helling aan. Dat leidde tot de uitbouw van onderdelen zoals het scènegebouw (vroeger slechts een soort scherm) en van het trappensysteem dat de toegang tot de zitplaatsen moest verzekeren.

Amfitheaters

Het amfitheater is een eigen Romeinse schepping. Het meest karakteristieke element, namelijk de krans van opklimmende zitplaatsen rond de ovale arena, blijkt reeds uit de naam: 'het publiek rondom (de arena) hebbend'. Het diende voor de gladiatorengevechten en het jagen op wilde dieren.

Circus

Een circus bij de Romeinen was een U-vormige renbaan voor wagenrennen. In tegenstelling tot de eenvoudige klassiek-Griekse en hellenistische hippodroom, ging het om een opzichtig bouwwerk met drie grote onderdelen.

Eerst was er de arena, in tweeën gedeeld door een met beelden en zuilen versierd muurtje (*spina* of ruggengraat). Aan elk uiteinde ervan stonden drie keerpalen (*metae)*; aan de ene kant bevond zich bovendien een constructie met zeven houten of stenen eieren, en aan de andere een met zeven dolfijnen, waarvan er bij het einde van een ronde telkens één verschoven werd.

Daarnaast had je startboxen (*carceres)* aan elke kant van de toegangspoort en ten slotte waren er de oplopende rijen zitplaatsen langs de lange zijden.

Thermen

De thermen combineerden meestal badzalen met sportinrichtingen en culturele centra. Het eigenlijke badgedeelte omvatte meestal een kleedruimte (*apodyterium)*, een koudwaterzaal (*frigidarium*), een lauwwaterzaal (*tepidarium*), een heetwaterzaal (*caldarium*), en eventueel een soort sauna (*laconicum*).

ste rechterlijke ambtenaar) en het consulaat (hoogste magistraat). Er bestonden ook enkele buitengewone ambten, zoals de *dictator* (tijdelijke absolute macht), de *magister equitum* (assistent van de dictator, maar oorspronkelijk bevelhebber van de ruiterij) en de *interrex* (letterlijk tussenkoning; hij bekleedde het *imperium* bij een machtsvacuüm). Van de colleges met adviserende functie was de senaat veruit het belangrijkst. Verder speelden ook het *concilium* (vergadering van het *plebs,* de niet-bevoorrechte stand), en de *comitia* (volksvergadering) nu en dan een rol. Wetten en besluiten werden aangebracht door de senaat en het volk, vandaar de formule *Senatus Populusque Romanus (S.P.Q.R.).*

In de context van de vroege republiek raakten de contacten van Rome met de omliggende gebieden gestabiliseerd. Zo kwam er een verbond tussen de Romeinen en de Latijnen. Er werd strijd gevoerd met de Volsci, Sabijnen en de Aequi. Hoewel regelmatig geremd door conflicten tussen patriciërs en plebejers, breidde Rome zijn macht voortdurend verder uit over de omliggende streken en gebieden, een proces dat pas ophield met de inval van de Galliërs. Op dat ogenblik kwam er ook een relatieve wapenstilstand tussen de patriciërs en plebejers.

Over de kunst in de vroege republiek is weinig met zekerheid geweten. Heel in het algemeen stellen we vast dat de Romeinen aanvankelijk voor de Dorische bouworde opteerden. De Ionische orde raakte in Italië nooit echt populair. De opgang van de Corinthische orde daarentegen bleek geleidelijk niet meer te stuiten, meer nog, het is precies in het Romeinse Rijk dat deze orde tot de volle ontwikkeling is gekomen. Verder bleek het portret voor de Romeinen vrijwel onmiddellijk het artistieke genre bij uitstek. Vanaf het begin werd gekozen voor de weergave van sterk individuele trekken en voor een dikwijls ongenadig realisme.

Etruskische man
Beschilderd hoofd in terracotta.

Lucius Iunius Brutus?
Brutus bevrijdde Rome van de tirannie en stichtte de Republiek.

De opmerkelijkste uitingen van de vroege materiële cultuur treffen we echter aan in de stedenbouw. Hoger werd al gewezen op het aandeel van de Etrusken op het vlak van de tempelbouw en de openbare werken. Er is bijvoorbeeld de uit tufsteen opgetrokken massieve zogenaamde Serviaanse muur, die in de zesde eeuw v.C. gerealiseerd zou zijn door de Etruskische koning Servius Tullius. Dit imposante bouwwerk kwam echter pas na de plundering van de Galliërs in 390 v.C. tot stand. Hij was 11 kilometer lang en ongeveer 20 meter hoog. De eerste houten brug over de Tiber, de *Pons Sublicius*, hebben we volgens de overlevering te danken aan de Etruskische koning Ancus Marcius. Op de Capitoolheuvel werd de majestueuze tempel van Iuppiter Optimus Maximus opgetrokken. Het heiligdom was 62 meter lang en 53 meter breed en stond op een 4 meter hoog podium. Het centrale beeld van Iuppiter werd geflankeerd door de altaren van Iuno en Minerva. Rond het centrale marktplein, het Forum Romanum, verrezen officiële bouwwerken zoals de tempel van Saturnus (circa 498 v.C.), de tempel van Castor en Pollux (circa 483 v.C.) en de tempel van Concordia (366 v.C.).

In de kunst waren voorstellingen van mensen en dieren bijzonder zeldzaam. De schaarse voorbeelden lijken vooral onder hellenistische invloed tot stand te zijn gekomen.

De komst van de Romeinen zorgde niet helemaal voor een *tabula rasa,* maar legde wel het accent op de uitbouw van de *Coloniae Iunonia* en *Iulia*. De indeling in rechthoekige kavels is vandaag nog duidelijk te onderscheiden. Ook een aantal monumentale resten zijn nog min of meer zichtbaar, zoals de thermen van Antoninus Pius (het grootste thermencomplex buiten Rome), het 300 meter lange circus, het amfitheater dat qua afmetingen het Colosseum bijna naar de kroon stak, een theater en een odeon. Ook grote cisternen, die nog deels Punisch van oorsprong zijn, en resten van huizen met mozaïekvloeren kwamen aan het licht. In deze Romeinse stad werden later, gegroepeerd in een gebied aan de rand van de stadskern, een aantal belangrijke vroegchristelijke *basilica's* ingeplant. Ook zijn er sporen van een massale ceramiek- en glasproductie.

Institutionele crisis (146-78 v.C.)

Rome ging door op zijn successen in de Punische oorlogen. Macedonië en Griekenland werden in 146 v.C. ingelijfd. In hetzelfde jaar werd de handelsconcurrent Corinthe verwoest. Westelijk Klein-Azië, met Pergamum als centrum, werd in 133 v.C. bij testament aan Rome overgemaakt. Ook het verzet in Spanje werd in 133 definitief gesmoord. Zo kwam nagenoeg het hele Middellandse Zeegebied in de handen van de Romeinen.

De veroveringen bleven niet zonder gevolgen voor de maatschappelijke verhoudingen. In de provincies viel er voor ondernemende *publicani* (belastingpachters) geld te rapen. Zo ontstond er een klasse van nieuwe rijken, die haar geld belegde in landerijen, vooral in Italië. De lokale boerenbevolking week noodgedwongen uit naar Rome en vormde er een proletariaat dat met sociale maatregelen ondersteund moest worden. De pogingen tot hervorming van de broers Gracchus (133 en 121 v.C.) bleven zonder resultaat. De senaat bleek al evenmin tot efficiënt handelen in staat. De heersende klasse was verdeeld, wat vooral duidelijk werd in de oorlog tegen Iugurtha van Pontus (111-105 v.C.). Marius, die tot het kamp van de *populares* behoorde, slaagde er ten slotte in Iugurtha uit te schakelen, en versloeg kort nadien de Cimbren en Teutonen bij Aquae Sextiae (thans Aix-en-Provence) en Vercellae (102 en 101 v.C.). Dat was pas mogelijk na een ingrijpende legerhervorming, waarbij de proletariërs tot het leger toegelaten werden. De keerzijde van de medaille

▲

Ruïnes van Carthago

▲

Punische hangertjes
Met de vorm van een baardige kop. Vierde-derde eeuw v.C.

▶

Tivoli, Vestatempel
Tempel van Vesta of van de Sibylle te Tivoli (het antieke Tibur).

hoorlijk, vooral onder invloed van Seneca en Burrus. Zeker in de provincies zorgde hij voor een goed bestuur. Maar allerlei excessen bleven niet lang uit. Zo liet hij onder meer zijn eigen moeder en zijn mentor Seneca ombrengen en laadde door zijn vreemd gedrag de verdenking op zich van de brand van Rome. Toen een opstand uitbrak, gaf hij aan een slaaf de opdracht hem te doden, onder de quote *qualis artifex pero* ('wát een kunstenaar gaat er met mij verloren!').

Ondanks het soms excentrieke gedrag van zowat alle opvolgers van Augustus en zelfs van enkelen met een hoekje af, zoals Tiberius, Caligula en Nero, zorgde de Julisch-Claudische dynastie voor de realisatie van eenheid en behoorlijk bestuur in het immense rijk dat de republiek had achtergelaten. Alle gebieden waren nagenoeg onder controle, er was gezorgd voor een gesmeerd lopende infrastructuur en administratie, en het imago van het grote Rome maakte indruk op vriend en vijand. Kortom, de meer dan welgekomen *pax Romana* ('Romeinse vrede') was ingetreden.

◂
Nero

▸
Nero als Apollo Citharoedus
Moregini-Pompei, fresco in eetzaal

Het rijk op kruissnelheid met de Flaviërs en de adoptiefkeizers (68-192)

De overgang naar een volgende periode begon niet zo best. In het zogenaamde driekeizerjaar (68-69) kwamen achtereenvolgens Galba, Otho en Vitellius aan de macht. De laatste, Vitellius, moest het afleggen tegen Vespasianus (69-79), de aanvoerder van de legioenen in het Oosten. Deze wat stroeve keizer van eenvoudige komaf liet zich vooral opmerken door zijn zuinig beleid – dat moest wel na de strapatsen van Nero en de burgeroorlog van 68-69 – en door grote werken zoals de heropbouw van de in 69 verwoeste tempel op het Capitool en, samen met Titus, de bouw van het *Theatrum Flavium* (Colosseum). Samen met zijn zoon en mederegent sinds 71 maakte hij een einde aan de troebelen in Judaea en met Cerialis maakte hij in het Westen een einde aan de opstand van de Bataven onder Civilis. Door zijn onwrikbare houding kreeg Vespasianus het vaak aan de stok met de senaat.

Titus, de zoon van Vespasianus en zijn mederegent sinds 71, werd keizer in 79, maar stierf al in 81. Als mederegent was hij weinig populair, mede door zijn verhouding met Berenice, de dochter van de koning van Judaea. Dat veranderde toen hij zich als keizer empatisch toonde bij de uitbarsting van de Vesuvius in 79 en een grote brand in Rome in 80. Op het Forum Romanum werd voor hem een boog opgericht ter herinnering aan zijn optreden in Judaea. Een voorstelling in de doorgang toont voorwerpen zoals de *menora* (de zevenarmige kandelaar) die uit de tempel van Jeruzalem werden weggevoerd.

Domitianus (51-96), de jongere broer van Titus, volgde deze in 81 op. Hij was eerzuchtig en eigenzinnig, maar is toch vrij goed begonnen. Na een samenzwering in 88 voerde hij echter een soort schrikbewind, vanuit een ziekelijke achterdocht. Het bestuur dat deze gehate despoot over de provincies voerde, was niettemin niet minder efficiënt dan dat van zijn voorgangers. Hij voerde oorlogen aan het Donaufront en in Brittannië. Uiteindelijk werd hij omgebracht bij een samenzwering van zijn naaste omgeving.

Met de heersers die nadien kwamen werd, bij gebrek aan nakomelingen, geopteerd voor keizers bij adoptie (de zogenaamde adoptiefkeizers). Nerva (30-98, reg. 96-98), de opvolger van Domitianus, werd als vijfenzestigjarige door de senaat uit eigen midden gekozen. Zijn regering kwam over als een verademing. De leuzen die op zijn munten prijkten klonken belof-

Vespasianus

Titus

▸ Boog van Titus

SENATVS
POPVLVSQVEROMANVS
DIVOTITODIVIVESPASIANIF
VESPASIANOAVGVSTO

Doorgang boog van Titus
Voorstelling van de trofeeën uit de tempel van Jeruzalem.

Nerva

▸ Zuil van Traianus

Traianus

tevol: 'openbare vrijheid', 'gelijkheid', 'redding'. Hij voerde een sociaal bewogen bewind, maar stond machteloos tegenover de keizerlijke wacht en het leger. Hij droeg daarom na korte tijd zijn macht over aan zijn aangenomen zoon Traianus.

Traianus (53-117, reg. 98-117) werd in Spanje geboren als zoon van een van de generaals van Vespasianus. Na een militaire en politieke carrière volgde hij in 98 zijn adoptiefvader op. Hij bleek snel een van de beste *principes* van de reeks adoptiefkeizers. Hij was een gewetensvolle bestuurder en een bekwame strateeg. Zo consolideerde hij eerst de Romeinse posities aan de Rijn en de Donau en realiseerde hij een goed uitgebouwde administratie. Zijn financiële en sociale maatregelen hadden een progressief karakter. Hij zorgde ook voor belangrijke bouwwerken zoals het naar hem genoemde *Forum Traiani*. In Dacië (nu Oost-Hongarije en Roemenië) moest hij tot tweemaal toe een zware oorlog voeren, tot hij koning Decebalus tot zelfdoding kon drijven. De taferelen op de zuil van Traianus houden verband met deze strijd in Dacië. In het Oosten kwam er een treffen met de Parthen en veroverde hij Armenië en Mesopotamië. Hij overleed in 117 bij de terugtocht uit het Oosten.

Traianus' opvolger was Hadrianus (76-138, reg. 117-138). Hoewel hij met zijn adoptiefvader mee opgetrokken was naar het Oosten, gaf hij de veroveringen daar onmiddellijk weer op. Met de bouw van de Hadrianusmuur in Groot-Brittannië toonde hij zich al even defensief ingesteld. Hadrianus maakte

silica Ulpia. Nog verder stond, te midden van de twee bibliotheken, de in 113 opgerichte en met een beeld van de keizer bekroonde Traianuszuil. Spiraalsgewijze oplopende voorstellingen beelden op haast filmische wijze de twee Dacische oorlogen uit. In de voet van het monument was de as van Traianus in een gouden urn bijgezet. Indien, zoals gewoonlijk wordt verondersteld, een tempel van Traianus aan de westzijde het complex afsluit, moet daar ongetwijfeld ook een doorgang zijn geweest naar de nabijgelegen wijk. Nog altijd indrukwekkend zijn de markthallen die aan de noordzijde bij het forum aansluiten, en grotendeels de commerciële functies van het Forum Romanum overgenomen hebben.

▲

Forum van Traianus
Reconstructietekening van het Forum van Trajanus, met – aansluitend bij het forumplein – de Basilica Ulpia en de twee bibliotheken.

▶

Ruïnes van de keizersfora
Luchtfoto.

◂

Helena
Zitbeeld.

▴

Obelisk van Theodosius
Hippodroom van Constantinopel.

naam *Apostata* (Afvallige) omdat hij een vurige aanhanger was van de traditionele heidense religie en wijsbegeerte. Iovianus was vervolgens slechts één jaar aan de macht. Valentinianus I (364-375) was de laatste keizer die voor enige stabiliteit kon zorgen. Na een korte periode van verwarring en burgeroorlog regeerde Theodosius I de Grote (346-395, reg. 379-395) slechts korte tijd over het hele rijk. Een administratieve scheiding in een oostelijk en een westelijk deel, waar hij respectievelijk zijn zonen Arcadius en Honorius over aanstelde, leidde vrijwel onmiddellijk tot een definitieve splitsing van het rijk. Het West-Romeinse Rijk ging na tal van oorlogen ten gronde. De afzetting van Romulus Augustulus ('Romulus het keizerke') door de Germaan Odoaker betekende, althans in het Westen, het einde van het ooit zo machtige keizerrijk. Het Oost-Romeinse deel overleefde als het Byzantijnse Rijk. Op zowat alle vlakken was Rome als stad intussen overvleugeld door Constantinopel ('Constantijnstad'), dat door toedoen van Constantijn in 324 uitgebouwd was tot trotse zetel van het oostelijk gedeelte van het rijk.

Het funeraire gedachtegoed en de begrafenispraktijken van de Romeinen zijn occasioneel al ter sprake gekomen. De exemplarische analyse van enkele karakteristieke monumenten moet ons toelaten er toch nog even dieper op in te gaan.

Het kalkstenen grafreliëf van Cn. Musius is afkomstig uit Romeins Germanië (Mainz) en wordt daar bewaard in het Römisch-germanisches Zentralmuseum. Het grafmonument dateert uit de eerste helft van de eerste eeuw (vóór 41). Het opschrift en de voorstelling leren ons dat Cn. Musius drager was van de legioensarend (het kenteken bij uitstek van zijn legioen, het veertiende). Als een dergelijke standaard in de handen van de vijand viel, werd het legioen ontbonden. Deze tweeëndertigjarige soldaat uit Veleia (Noord-Italië) staat in volle uitrusting afgebeeld, met zijn eretekens, en zich ten volle bewust van zijn grote verantwoordelijkheid. Hij is trouwens tijdens zijn dienst gestorven (na vijftien van de twintig jaar die normaal waren). Zijn eigen broer, een onderofficier, liet het monument oprichten. De standaard heeft een haak op twee derden van de hoogte, zodat hij makkelijker kon worden gedragen en in de grond geplant bij een ter plaatse rust.

De asurne van Voluntilius is kubusvormig en wordt bewaard in het Didactisch Museum Archeologie K.U. Leuven. De urne is gemaakt uit Carraramarmer (vroeger blijkbaar roze van kleur). De inscriptie en stijl wijzen op een datering in de periode van Nero (54-68). Een gleuf in de bovenrand en een oude tekening wijzen erop dat bij het kistje een zadeldakvormig deksel hoorde. Aan de voorzijde staan twee pilasters die op Attische sokkels rusten en Ionische kapitelen hebben. Onder de tabula met inscriptie prijkt een gesloten monumentale deur, geflankeerd door twee palmbomen. Op het deurfronton, met op de hoeken een palmetvormig antefixum (voorzetstuk), zijn twee naar elkaar gerichte vechtende (?) duiven afgebeeld. Het gecentreerde grafschrift stelt weinig problemen: DIS MANIB(us) / CN(aeo) VOLVNTILLIO / SOPHRO / VOLVNTILLIA RODINE / PATRONO BENE MEREN(ti) / ET SIBI FEC(it) ['Aan de goden van de onderwereld. Voluntillia Rodine vervaardigde voor Gnaeus Voluntillius Sophrus, haar verdienstelijke beschermheer, en voor zichzelf (deze urne)'].

Grafreliëf van Cn. Musius
Opschrift: Cn(aeus) Musius, T(iti) f(ilius), Gal(eria tribu), Veleias, an(norum) XXXII, stip(endiorum) XV, aquilif(er) leg(ionis) XIIII Germ(inae); M(arcus) Musius, (centurio), frater, posuit.

De asurne maakte deel uit van een vondstenensemble dat bij de bouw van een bastion langs de Schelde in 1608 in de buurt van de Antwerpse St.-Michielsabdij tevoorschijn kwam. Naast de asurne gaat het om twee potjes, twee kruikjes, een schaaltje, een parfumflesje, liefst acht lampjes, en de bustes van een knaapje en een vrouw. Aanvankelijk werd niet beseft dat het een zeer

Asurne van Voluntillius

heterogeen ensemble betrof: de asurne uit de tijd van Nero staat tegenover lampen van de late republiek tot de vierde eeuw of nog later, terwijl de portretbustes zonder twijfel zestiende-eeuws zijn. Het was dus in geen geval een origineel gesloten *depositum*, maar vermoedelijk een verzameling waardevolle voorwerpen die bij de godsdiensttroebelen als ensemble in de grond gestopt werden. De asurne was wellicht kort voordien door een reiziger uit Italië meegebracht, in een periode waarin een reis naar Rome en andere steden voor geleerden en kunstenaars een normale zaak was.

Het zadeldakvormig deksel had volgens de oude tekening hoekacroteria en een fronton waarop eveneens twee tegenover elkaar staande duiven zijn afgebeeld. De Montfaucon, maar bijvoorbeeld ook Franz Cumont, spreken van 'de deuren van de onderwereld'. Cognitiefpotentieel lijkt deze duiding zelfs voor de hand te liggen.

Grafstèle van Severina

De analyse van de culturele betekenisniveaus dwingt ons echter tot een andere interpretatie.

Vooreerst op infrastructureel niveau bestaat over de funeraire bestemming van de asurne geen twijfel, gezien de inscriptie zelfs vermeldt wie de urne maakte voor wie. De huisvorm was als 'woonst voor de doden' trouwens gebruikelijk bij de Italische urnen uit de ijzertijd. Directe figurale allusies op de beide overledenen ontbreken echter.

Structureel bekeken zijn de beide overledenen – een *patronus* en zijn vrouw, een vrijgelatene – duidelijk gegoeden. Aangezien rijken droomden van een grafgebouw in een graftuin, lijkt het logisch om het geheel van de voorstelling te interpreteren als het funeraire monument waar elke gegoede wellicht naar streefde.

Ten slotte zien we op superstructureel vlak hier geenszins de toegang tot de onderwereld, maar een *paradisus* (een afgesloten graftuin met een grafgebouwtje). De twee vogels op de frontons moeten we daarom niet interpreteren als symbolen van bijvoorbeeld de 'zielen van de overledenen', en de twee palmbomen niet als 'paradijselijke' bomen, maar als idyllische elementen uit

Muzensarcofaag. *Via Appia, Rome. Berlijn, Staatliche Museen. Einde tweede-begin derde eeuw.*

het decor van een graftuin. De Elyzeese duiding van de niet-christelijke funeraire beeldtaal, zoals onder meer Franz. Cumont die voorstaat, kan zeker niet steunen op de gangbare beeldtaal van urnen en sarcofagen.[21]

De grafstèle van Severina uit het Römisch-germanisches Museum in Köln, werd gevonden bij St. Severin. Op het fronton van de voorzijde zien we binnen een *clipeus* de buste van een man in toga (de overledene). Alle scènes zijn omzoomd door twee Corinthische pilasters. Op een balk onder het fronton van de voorzijde staat de inscriptie MEMORIAE ('ter herinnering'), en bovenaan op de twee zijkanten SEVERINA NVTRIX ('de min Severina'). Een schaapdrager prijkt op de voorzijde, terwijl op de linkerzijkant een min zich over een wieg buigt en op de rechterzijkant dezelfde min een kind zoogt.

Het loont ook hier de moeite om even in te gaan op de betekenisniveaus. Op infrastructureel niveau is de grafstèle in de vorm van een *aedicula* (vier pilasters en een op een fronton uitlopende bekroning) een substituut voor een mausoleum ter herinnering aan de burger die in het portretmedaillon is afgebeeld. Voor de stèle en de begraving werd gezorgd door de min Severina.

Structureel kun je stellen dat de overledene wordt voorgesteld als een gegoede burger, maar hij was het blijkbaar niet echt, want hij kon zich geen groot grafmonument permitteren.

Op het superstructurele niveau tracht Günter Ristow[22] de scènes religieus te duiden, maar zijn ze niet veeleer de uiting van geluk over de dood heen (zie de ramdrager als geluksembleem en de zorgzame min die de overledene blijft gedenken)?

Het thema van de muzische mens (*mousikos anèr*) – de door de Muzen bewogen spirituele mens – is bij de Romeinen, zeker in de laatantieke tijd, zowat alomtegenwoordig, en zeker op funeraire monumenten. Interessant daarbij is dat het thema als vanzelf het ontstaan geeft aan scènes die ongetwijfeld als christelijk te duiden zijn, en dat mét behoud van uitgesproken muzische elementen.

Een sarcofaag uit Rome, die dateert van de overgang van de tweede naar de derde eeuw, confronteert ons met de negen klassieke Muzen. Het opschrift informeert ons over de identiteit van opdrachtgeefster, het overleden echtpaar en de maker van de sarcofaag: *Ulpia Eutychia Ulpio Eutychioni et Mindae Priscillae parentibus bene merentibus posuit. Sigillum Bar Iusti Paregori* ('Ulpia Eutychia plaatste deze sarcofaag voor Ulpius Eutychion en Minda Primilla, haar verdienstelijke ouders. Gemaakt door Bar Iustus Paregorus [oosterse, wellicht Joodse naam]'. De Muzen zijn voorgesteld in het gezelschap van

Apollo met zijn cithara, een laurierboom met raaf, een griffioen, en ook van Athena met aegis en lans. We zien achtereenvolgens: Erato (minnepoëzie), met lier; Calliope (epos); de mijmerende Polyhymnia (hymnen, later ook mime); Urania (astronomie), met aanwijsstokje en wereldbol; Euterpe (lyriek), met dubbel-*aulos*; Clio (geschiedschrijving), met boekrol; Melpomene (tragedie), met tragisch masker en knots; Thalia (komedie), met komisch masker en pedum; en Terpsichore (dans). Op het deksel zijn leerscènes weergegeven. In de late keizertijd geven de voorstellingen van Muzen – zoals hier ook de leerscènes – aan dat de gestorvene voor 'muzisch geïnspireerd', dat is voor gecultiveerd, wenste door te gaan.

Een korte toelichting bij de mythische context is zeker niet overbodig. De Muzen, waarover meer in het lexicografisch overzicht, worden geleid door Apollo. Die god staat voor beheerste en harmonische schoonheid, voor de kracht van de geest en rede, voor de 'kosmos' als geordende wereld. Hij werd onder de goden als de beste zanger en musicus beschouwd. Hij begeleidde de Muzen wanneer zij zongen en dansten op de feesten van goden en mensen, vandaar zijn naam *Mousagetes*, dat is leider van de Muzen.

Op artistiek vlak laat de sarcofaag ons zien hoe de Romeinen de verworvenheden van de late Griekse kunst virtuoos hebben toegepast. Geen enkele figuur is op dezelfde wijze weergegeven. Opvallend zijn verder de vele variaties op hetzelfde thema van de contrapost. Toch is de sarcofaag, door de overvloed aan levendige figuren, door en door Romeins. De Grieken zouden zich ongetwijfeld meer tot de essentie beperkt hebben. Hier worden we eerder geconfronteerd met een frapperend tafereel dan met een karakterisering van het wezen van de Muzen.

Op een wel erg opmerkelijke sarcofaag uit Pisa tellen we slechts acht Muzen, maar de overleden vrouw blijkt de plaats ingenomen te hebben van de negende Muze.

Trier, het laatantieke Rome aan de Moezel

Hoewel Trier een verleden heeft dat teruggaat tot de Kelten en het vroege keizerrijk, dateren veel van de nu nog zichtbare grote gebouwen uit de laatantieke periode. In de stad resideerden de meeste vierde-eeuwse keizers regelmatig: het begon met de hulpkeizers Maximinianus (285-292) en Constantius Chlorus (292-306), Constantijn de Grote was in Trier tussen 306 en circa 315, Valentinianus I (364-375) en Gratianus (367-383) verbleven er van 367 tot 383, de tegenkeizers Magnus Maximus en Flavius Victor heersten er van 383 tot 388, en Valentinianus II betrok er als laatste de keizerlijke residentie van 388 tot 392. Trier werd weliswaar zwaar getroffen tijdens de Tweede Wereldoorlog, maar er blijft nog meer dan genoeg over om ons een idee te kunnen vormen van de pracht en praal waarmee de laatantieke keizers een bestaande stad naar hun hand hebben gezet.

De keizers maakten dankbaar gebruik van de infrastructuur in de stad die sinds keizer Augustus rond 15 v.C. uitgebreid werd tot *Augusta Treverorum* en die waarschijnlijk onder Claudius (41-54) de status van *colonia* verkreeg. Sinds ongeveer 85 zetelden in Trier de *procurator Belgicae et duarum Germaniarum* (de stadhouders huisden daarentegen in Reims, Mainz en Keulen). Trier kende een grote bloei als belangrijk wegenknooppunt, en stond daardoor centraal in de handel tussen Gallië en het Rijnland en kende een concentratie van industriële activiteiten. Sedert Maximinianus en Constantius Chlorus werd de plaats de hoofdstad van de *Praefectura Galliarum*, met bevoegdheid over Brittannië, Gallië en Spanje. Van vóór de vierde eeuw dateert bijvoorbeeld de indeling in stadskwartieren rond de *cardo* (van de Moezelbrug tot het amfitheater) en de *decumanus* (tussen de noord- en zuidpoort, nu de *Porta Nigra*, op de route van en naar Mainz). Ook de aanleg van het forum, de stadspaleizen en de Barbarathermen behoort tot de vroeg-Romeinse periode.

In de laatantieke tijd kwam er een echt keizerkwartier tot stand. De kern werd gevormd door de eigenlijke residentiële gebouwen met onder meer de audiëntiezaal (de zogenaamde basilica). Er werd een band gerealiseerd met de keizerlijke thermen, het circus en het amfitheater – een combinatie die we in veel grote Romeinse steden aantreffen, zie bijvoorbeeld Rome en Constantinopel. Ook het bisschoppelijk complex met de eerste *basilica*, de iets latere tweede basilica in het verlengde ervan (de huidige Liebfrauenkirche) en de bedevaartskerk van het laatste kwart van de vierde eeuw (de huidige Dom) zijn eveneens te danken aan de prominente aanwezigheid van Romeinse keizers gedurende ongeveer een eeuw.

Trier, bisschopskerken
Maquette van het bisschoppelijk complex in Trier. Rechts vooraan: eerste basilica; rechts achteraan: uitbreiding eerste basilica; midden: baptisterium; links: bedevaartskerk.

Noten

[1] Uitstekende uitgangspunten vond ik onder meer bij: Biers; Boardman 1982; Maiuri; Potter. Het lijkt mij in een overzichtwerk als dit echter ondoenbaar elke bewering te staven met verwijzingen naar de wetenschappelijke literatuur, zoals dit vooral in tijdschriften gebruikelijk is. Ook de voetnoten zullen daarom tot het strikte minimum beperkt blijven.

[2] Zie, voor een theoretische verantwoording van een dergelijk interpretatiemodel: Webster D.L. - Evans S.T. - Sanders W.T., 1993 *Levend verleden. Een inleiding in de archeologie* vert. uit het Engels (Houten).

[3] Hier weet ik me ten zeerste schatplichtig aan de originele wijze waarop Louis Coolen gedurende zoveel jaren de kunst van de Oudheid heeft benaderd. Zie: Coolen; *Transparanten.*

[4] Vooral belangrijk is de cultureel-antropologische benadering van voorstellingen. Zie hieromtrent onder meer: *Cité des images.*

[5] Zie: Homerus. Het schild van Achilles (Europese reeks van de Leuvense Cahiers 81), 1988.

[6] Zie: Spivey-Squire 12: Fig. 6

[7] Zie: Spivey-Squire 16: Fig. 14

[8] Zie: Spivey-Squire 18: Fig. 17

[9] Zie: Tsingarida 67-74

[10] Zie vooral: *Cité des images.* Dit is één van de zeldzame publicaties die de gebruikelijke 'realencyclopedische' benadering overstijgen.

[11] De percentages steunen op het *corpus* dat S. Kämpf-Dimitriadou heeft samengesteld.

[12] Zie: Cramers-Simon.

[13] Zie: Verbanck-Piérard A., 2000 'Les héros guérisseurs: des dieux comme les autres! A propos des cultes médicaux dans l'Attique classique', in: Pirenne-Delforge V. - Suarez de la Torre E., *Héros et héroines dans les mythes et les cultes grecs* (Liège) 281-332, vooral 305-308. Zie ook: *Au temps d'Hippocrate* 239-243.

[14] Zie bijvoorbeeld: Provoost 1986; Schefold 122-123

[15] Zie: *Art Bulletin 88,2,* 2006 223-242: fig. 1.3

[16] Zie: *Konstantin der Grosse* 206: fig. 16; 234: fig. 1

[17] Zie: Guzzo 113: fig. 1a-c

[18] Zie: Beck-Bol 637-639: 223

[19] Zie fig. 218

[20] Zie: Arbeiter - Noack-Haley-52

[21] Zie: Cumont F., 1949 *Lux perpetua* (Paris); Cumont F., 1966 *Recherches sur le symbolisme funéraire des Romains* (Paris).

[22] Ristow G., 1974 'Die Kölner Amme Severina', *Kölner Römer Illustrierte 1,1974* 149, Bild 289-291: *In der lebenspendenden und umsorgende Amme Severina nämlich und in ihrer Verbindung mit dem Menschenliebe und Heil verheissende Abbild des Widderträgers wird die über die Todesverlorenheit hinausgehende Hoffnung fast schon Gewissheit.*

Verklarende woordenlijst

Abacus: Hier: dekplaat van een kapiteel.
Acroterium: Decoratief element geplaatst op de hoeken of de top van een gevel, een stèle en dergelijke.
Aedilis: Romeinse ambtenaar van openbare werken.
Aegis: borstharnas van Athena dat een geitenvel nabootste en met slangenkoppen afgezet was.
Agora: Marktplein, maar meestal ook centrum van het politieke, economische, sociale en religieuze leven.
Aithousa: Binnenhof met zuilengang aan elke kant.
Acropolis: Letterlijk: het hoogst gelegen deel van de stad, de bovenstad. Meestal synoniem voor burchtheuvel.
Amazonomachie: Gevecht met Amazonen; de Amazonen waren krijgshaftige vrouwen, oorspronkelijk gesitueerd aan de zuidkust van de Zwarte Zee; ze duldden mannen nauwelijks en kwamen herhaaldelijk in strijd met de Grieken.
Amfitheater: Constructie waarin rond een ellipsvormige arena de zit- en staanplaatsen voor de toeschouwers in één of meer verdiepingen trapsgewijs oplopen. Diende voor gladiatorenspelen, gevechten tussen dieren, gevechten tussen mensen en dieren, gesimuleerde zeegevechten en dergelijke. Letterlijke betekenis: 'met het publiek rondom'.
Amfoor: De meest gebruikte voorraadkruik, meestal met twee oren, een nauwe hals en een dikke buik. Diende onder meer voor het bewaren van wijn, olie, honing, peulvruchten, graan, maar ook als urinoir.
Analytisch: Procédé in de bouwkunst waarbij de te dragen last afgeleid wordt naar enkele punten, die dan extra ondersteund worden.
Anatolië: Turks Klein-Azië.
Anuli: Letterlijk: ringen, ringvormige voorwerpen. In de architectuur: de ringen van een zuil.
Apsis/Apside: Halfronde, schelpvormige ruimte die een gebouw afsluit.
Architraaf: Hoofdgestel = balk die horizontaal op zuilen en pijlers rust.
Astragalus: Eierlijst, dat is een architecturale band bezet met een rij eivormige versieringen.
Atrium: Rechthoekige ruimte met een gat in het dak (*compluvium*). Het binnenvallend regenwater werd in een bak (*impluvium*) opgevangen. De term houdt verband met de zwarte (*ater*) rook die via die opening ontsnapte.
Attiek/attica: Lage bovenbouw die op het hoofdgestel van een gebouw rust en het eigenlijke dak aan het zicht onttrekt. Bij de Romeinse triomfbogen diende de attiek tevens als sokkel voor een beeldengroep, en waren er reliëfs en inscripties op aangebracht.
Aulos: Eventueel fluit, maar meestal tweevoudig hoboachtig blaasinstrument, bestaande uit pijpen met rieten mondstuk. Diende voor de begeleiding van zang, vooral bij optochten (qua functie en klank te vergelijken met onze doedelzak).

Basilica: Rechthoekig openbaar gebouw. Diende voor activiteiten waarbij een groot aantal mensen bijeenkwam (rechtszittingen, markten, financiële handelingen, vermaak, cultuur, evenementen).
Bucchero: Dit zwart-glanzend Etruskisch aardewerk, dat sterk aan brons doet denken en daarom de bijnaam 'brons van de armen' kreeg, werd op het wiel gedraaid en droeg vaak een versiering in reliëf.

Caduceus: Herautstaf.
Caissonsysteem: Systeem waardoor een gewelf of zoldering, via een reeks haaks op elkaar staande en parallelle ribben, onderverdeeld wordt in een rasterpatroon van rechthoekige elementen.
Cannelure: Groefvormige uitholling in een zuil. Op de Dorische zuilen raken de cannelures elkaar (zodat een scherpe rand gevormd wordt), op de Ionische is tussenin een platte strook uitgespaard.
Canon: Schema dat de proporties van het menselijk lichaam aangeeft.
Cardo: De meeste Romeinse steden worden in vier gelijke stukken verdeeld door twee assen, die elkaar in het midden kruisen en haaks op elkaar staan. De meestal kortere noord-zuidas is de *cardo,* de oost-westas de *decumanus.*
Cella/Naos: Naam van het door vier muren omgeven binnenste gedeelte van een tempel, waar zich het cultusbeeld van de godheid bevond.
Centauromachie: Gevecht met de Centauren. De Centauren, met het bovenlijf van een paard en het hoofd van een man, woonden in een gebied met veel paarden, Thessalië; ze waren voortdurend verwikkeld in een strijd met hun naburen (de Lapithen) en met Heracles.
Centraalbouw: Architecturaal complex waarvan de onderdelen zich op een middelpunt oriënteren.
Censor: Romeinse magistraat, verantwoordelijk voor de schatting van het vermogen van de burgers en de indeling in klassen; er werden telkens twee censoren aangesteld.
Centuriatio: Landverkaveling met als basiseenheid percelen van 720 bij 720 meter, die in principe voor honderd (*centum*) boerenbedrijven volstaan zouden hebben.
Chalcolithicum: Zogenaamde kopertijd.
Chlamys: Korte mantel van ruiters en militairen.
Cippus: Grenspaal.

Circus: U-vormige renbaan voor wagenrennen, maar later ook voor andere spelen; wordt in het Oosten hippodroom genoemd.
Cithara: zie kitharistès.
Chiton: Het belangrijkste Griekse kledingstuk. Dit eenvoudig linnen hemd zonder of met korte mouwen werd rond het middel enigszins opgeschort. Buitenshuis werd er een mantel boven gedragen.
Clientes: Burgers in Rome die onder de bescherming van een *patronus* stonden; de relatie had aanvankelijk een religieus en moreel karakter, maar werd later zuiver materieel; vrijgelatenen werden automatisch *clientes* van de patroon.
Clipeus: Omlijsting van een inscriptie of een portret met de vorm van een rondschild.
Collegia: Beroepsgilden en allerlei verenigingen van magistraten, priesters en anderen.
Consul: Titel van de twee Romeinse magistraten met de grootste bevoegdheid; het ambt was jaarlijks wisselend, maar in de keizertijd louter een erefunctie voor een periode korter dan één jaar.
Contrapost/contrap(p)osto: Samenspel tussen de symmetrische partijen van het menselijk lichaam: de positie van een element bepaalt de positie van het corresponderende element of wordt er zelf door bepaald. Als het lichaam bijvoorbeeld steunt op het ene been (= steunbeen), blijft het andere los en lichtjes gebogen (= speelbeen), wat dan weer gevolgen heeft voor de houding van het bekken en de schouders.
Corinthisch: De Corinthische bouworde wordt in feite haast uitsluitend gekenmerkt door het overdadig kapiteel dat met een acanthusmotief versierd is.
Cornu copia: Hoorn van overvloed.
Cycladen: Verzamelnaam voor de eilanden en eilandjes in de Egeïsche Zee (tussen het Griekse vasteland en Klein-Azië).
Cyclopisch: Conventionele benaming voor het muurverband dat uit opgestapelde rotsblokken met onregelmatige vorm bestaat.

Daedalisch: De oudste sculpturen, vooral kleine terracottafiguurtjes, worden daedalisch genoemd naar Daedalus, die als de uitvinder van het kunsthandwerk beschouwd wordt.
Dakstoel: Houten gebinte dat de overgang vormt tussen de muren, respectievelijk draagbalken (architraven) en de dakbedekking.
Decumanus: Zie *cardo.*
Dextrarum iunctio: Het gebaar van de huwelijksvoltrekking, door elkaars rechterhand vast te houden.
Diadeem: Hoofdsieraad (meestal bandvormig).
Dictator: Romeinse magistraat, *ad hoc* aangesteld door een van de consuls in uitzonderlijke omstandigheden en met een welomschreven taak.
Diolkos: Sleepbaan voor boten, voor de oversteek op stroken land tussen twee waterwegen.
Diastylus: met een ruime afstand tussen de zuilen.
Domesticatie: Het proces waarbij uit het wild genomen dieren zich onder de controle van de mens voortplanten en onder zijn invloed en door zijn toedoen veranderen tot huisdieren, met het oog op uitbating onder welke vorm ook. Niet te verwarren met het temmen van een wild dier.
Domus: Romeins herenhuis in de stad, met vooraan het *atrium*-gedeelte en achteraan het *peristylium.*
Dorisch: In de Dorische bouworde staat de zuil rechtstreeks op het door drie treden gevormd stylobaat (onderstel waarop de zuilen rusten). Het hoofdgestel dat door twee zuilen ondersteund wordt, is een horizontale balk uit één stuk. Daarboven loopt een band van trigliefen en metopen.
Draperie mouillée: Kledij die zo nauw bij het lichaam aansluit dat ze eerder onthult dan verhult (zoals natte kleren, vandaar de term).
Drievoet: Alles wat op drie poten staat. Meer specifiek: aarden of bronzen potten op drie poten; de fraai bewerkte bronzen ketels die als wijgeschenken of prijzen dienden; onderstellen voor potten en ketels.
Dromos: Toegangsweg.

Echinus: Het als een soort kussen geprofileerd deel van het Dorisch kapiteel dat de overgang vormt van de zuiltop naar de dekplaat.
Emmer: Vroege tarwesoort, waarbij het kaf bij het dorsen niet van de korrel verwijderd wordt. Emmer bestaat zowel in wilde als gecultiveerde vorm.
Emporos: Koopvaardijschip voor de lange vaart dat een snelheid van zes knopen kon halen.
Entasis: Lichte zwelling van een zuil.
Eustylus: met de zuilen op de beste afstand van elkaar.

Faience: Oudste vorm: met water tot pasta gemengde verpoederde kwarts en alkali, waaruit bij verhitting een glasachtig materiaal ontstond. Latere vorm, gewoonlijk majolica of plateelwerk genoemd: gebakken klei bedekt met een metaalachtige, glanzende glazuur die meestal fel gekleurd is.
Fasces: Etruskische en Romeinse roedenbundel waaruit een bijl stak; oorspronkelijk het symbool van de koningsmacht, later van het *imperium* (bevoegdheid) van de magistraten
Fibula: Grote hechtspeld die onder meer gebruikt werd om de kledij voor de borst of op de schouders bijeen te houden.
Filigraan: Patroon in de edelsmeedkunst vervaardigd met aan elkaar gesoldeerde gladde of bewerkte goud- of zilverdraad.
Forum: Markt van een Romeinse stad (tegenhanger van de Griekse Agora). Het *forum* was het hart van het politieke, juridische en economische leven.
Fries: De horizontale, meestal met reliëfs versierde band net boven de architraaf of bovenaan de *cella*-wand. Overdrachtelijk: elke doorlopende strook reliëf- of schilderwerk.
Frontaal: Opgesteld om in vooraanzicht te bekijken.
Fronton/gevelveld/*tympanon*: Meestal driehoekige bekroning van een gevel, die vaak gevuld is met sculpturen.
Fysioplastisch: Weergave van de werkelijkheid, zoals die

rechtstreeks geobserveerd wordt. Zie: ideoplastisch.

Geometrisch: In het algemeen: technische term voor de Griekse kunst van circa 1100 tot 700 v.C. In het bijzonder: het aardewerk uit de betrokken periode dat gekenmerkt wordt door zijn geometrische patronen.

Gevelveld: zie fronton.

Gigantomachie: De Giganten waren monsterlijke wezens die uit de Aarde (Gaea) geboren waren; op aandringen van hun moeder kwamen ze in opstand tegen de goden van de Olympus; ze stapelden bergen op elkaar, om zo de Olympus te bestormen.

***Globus*/globe**: Voorstelling van de hemel- of aardbol.

Graatgewelf: Gewelf waarbij de kappen met hun vooruitstekende scherpe kanten tegen elkaar drukken.

Granulering: Zeer kleine, ronde goud- of zilverdruppels die in een bepaald patroon op een ondergrond worden gesoldeerd.

Griekse tempels (basisvormen):
***1** megaron* ***2** anten-tempel* ***3** dubbele anten-tempel* ***4** prostylus* ***5** amphiprostylus* ***6** peripterus* ***7** tholus* ***8** dipterus* ***9** pseudoperipterus* ***10** pseudodipterus*

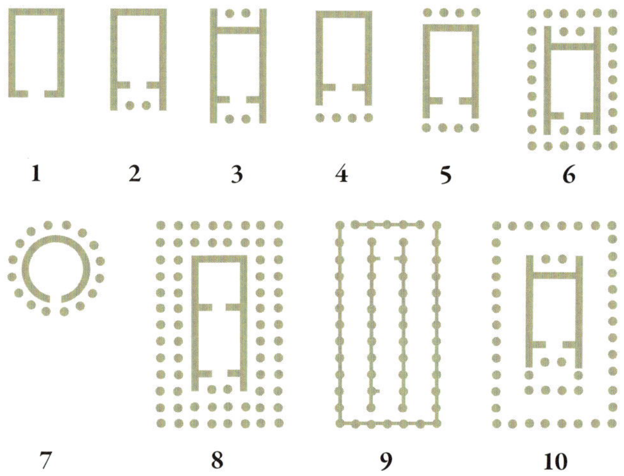

Groot-Griekenland/*Magna Graecia*/West-Griekenland: Het gedeelte van Zuid-Italië dat met Griekse kolonies bezaaid was.

Gymnasium: Sportschool met religieus karakter, meestal buiten de stad gelegen, met oefenterreinen voor verschillende sporten en dikwijls ook met een *palaestra* of worstelperk.

Hallstatt: Een belangrijke vindplaats in het Oostenrijkse Salzkammergut, uit het begin van de ijzerijd. De cultuur die haar naam aan de plaats dankt, bestrijkt een gebied van Noord-Spanje tot aan de Rijnmonding, en van Noord-Frankrijk tot Westelijk-Hongarije (ongeveer hetzelfde gebied als van de urnenveldencultuur uit de late bronstijd). In de loop van de achtste eeuw v.C. werd de Hallstatt- door de la Tène-beschaving opgevolgd. Beide culturen zijn Keltisch.

Hecatompedon: Tempel van honderd voet.

Heroüm: De heroën waren verdienstelijke vorsten en helden en bovennatuurlijke wezens van een lagere orde dan de goden; hun heiligdom en tevens grafmonument werd *heroüm* genoemd.

Hiëratisch: Term gebruikt voor een maatschappij, zoals de Egyptische, waarin de priesterkaste een wezenlijke rol speelt.

Hiërogliefen: Beeldschrift in het Oude Egypte.

Himation: Grote mantel, bestaande uit een rechthoekige linnen of wollen lap stof, die los omgeslagen werd.

Hypotenusa: de schuine zijde van een rechthoekige driehoek.

Hippodamiaans: Hippodamus van Milete, uit de vijfde eeuw v.C., was stedenbouwkundige. Het dambordpatroon in de stedenbouw wordt in feite ten onrechte naar hem genoemd, want er werd – zeker op Italisch grondgebied – reeds lang voor Hippodamus mee geëxperimenteerd.

Hopliet: Zwaar bewapende infanteriesoldaat, meestal met helm, borstharnas, scheenplaten, schild, kort zwaard en speer.

Hydria: waterkruik of waterkan; gewoonlijk met een ronde mond, één groot verticaal handvat aan de hals en twee horizontale oortjes aan de romp.

Ideoplastisch: Weergave van de werkelijkheid, niet zoals die rechtstreeks geobserveerd wordt, maar zoals men ze ideëel kent. Zie: fysioplastisch.

Imitatie: Directe, letterlijke nabootsing. Vergelijk: *mimèsis.*

Incrustatie/inlegwerk: Elke versieringstechniek waarbij holtes worden opgevuld met materiaal dat van een andere soort is of dat een andere kleur heeft. Voor metaalwerk spreekt men meer in het bijzonder van *champlevé* of oplegwerk (opgevuld met email, gepolijste stenen of schelpen) of van *cloisonné* of celwerk (met metaaldraad worden op een metalen ondergrond vakjes gesoldeerd, en vervolgens met email of ander materiaal opgevuld).

Insulae: Letterlijk: eilanden. In de stedenbouw: woonblokken, respectievelijk huurkazernes.

Intentionaliteit: In de kunst: duidelijk gericht op een bepaald doel.

Intercolumnium: de afstand tussen twee zuilen.

Ionisch: De Ionische bouworde heeft een eigen zuilvorm: met voetstuk, door een vlakke strook van elkaar gescheiden cannelures, volutenkapiteel, gelaagde architraaf met een doorlopende fries erboven.

Irrigatielandbouw: Landbouw die een kunstmatige watervoorziening veronderstelt.

Kapiteel: Versierd bovenstuk van een zuil of pijler. Vergelijk: Dorisch, Ionisch, Corinthisch.

Kitharistès: Musicus die de lier solistisch bespeelt. De *cithara,* een ietwat pronkerig snaarinstrument, was vergelijkbaar met de meer eenvoudige *lyra,* maar bezat zeven of meer snaren en een klankkast met rechte bodem. Het werd bespeeld met een plectrum in de rechterhand, terwijl de linkerhand de

niet betokkelde snaren afdempte.
Korè: Beeld van gekleed, staand meisje.
Kouros/koros: Beeld van naakte, staande jongeling, het ene been lichtjes voor het andere geplaatst, de armen langs het lichaam neerhangend of met vooruitgestoken onderarmen.
Krepidoma: Het geheel van het onderstel van een gebouw.
Kroonlijst: De uitstekende lijst boven het fronton en de zijgevels.
Krotalen: Een *krotalon* is een klepper uit dof klinkend materiaal zoals hout of been, te vergelijken met de moderne castagnette.
Lararium: Huiskapel voor de Lares, de beschermgoden van de landerijen, later ook huisgoden.
La Tène: Zie: Hallstatt. La Tène is een vindplaats in Zwitserland.
Lecythus: Wordt in de archeologische literatuur gebruikt voor een eivormig of cilindervormig olie- of zalfkruikje, met smalle, vrij hoge hals, trechtervormige mond en lage voet.
Levant: De landen rond het oostelijk deel van de Middellandse Zee, tot aan de Eufraat en de Nijl. Hier in engere zin: de kusten van Klein-Azië en Syrië.
Linteel: de balk van een hoofdgestel van zuilmiddelpunt tot zuilmiddelpunt.

Magister equitum: de rechterhand van een Romeinse dictator, aanvankelijk met de functie van bevelhebber van de ruiterij.
Mastos: Beker zonder voet, in de vorm van een vrouwenborst.
Megalithisch: De cultuur die, van het laatpaleolithicum tot de vroege bronstijd, gebruik maakte van reuzenstenen voor de bouw van hunebedden, menhirs, dolmens en dergelijke.
Mesolithicum: Letterlijk: midden-steentijd. Overgangstijd tussen het *paleolithicum* en het *neolithicum*.
Mesopotamië/Tweestromenland: De vruchtbare strook tussen de stromen Tigris en Eufraat.
Metope: Dorische bouworde: de oorspronkelijke open ruimte tussen de triglieffen. Bij de afdekking met een rechthoekige plaat ging de naam op deze met reliëfwerk versierde plaat over.
Mimèsis: Letterlijk: imitatie, navolging. In zijn oudste, oorspronkelijke betekenis: verheviging van de werkelijkheidservaring (cf. acteren, de artistieke beleving).
Monochordium: Didactisch hulpmiddel in de muziek bij het demonstreren van de samenhang tussen intervallen en getallen; voor te stellen als een eensnarige viool zonder klanklichaam. Met een verplaatsbare kam kan de snaar op alle manieren links en rechts van die kam verdeeld worden. Aan de tonen beantwoorden telkens duidelijke cijfermatige verhoudingen (1/2, 1/3, 1/4 van de snaar enzovoort). PythAgoras wordt als de uitvinder van het *monochordium* beschouwd.
Monopterus: Ronde tempel met één enkele zuilenrij rond de *naos*.
Moule: Aan het Frans ontleende term voor de gietvorm.
Moulure: Randlijst; lijstwerk als sieraad; versierende band.
Muzisch: Letterlijk: geïnspireerd door de Muzen. Overdrachtelijk: alles wat met het intellectuele, het geletterd zijn verband houdt.

Naos: Zie *cella*.
Narthex: Voorhal van een gebouw (vooral van een *basilica*), parallel geplaatst met de voorgevel.
Neolithicum: Laatste periode van de steentijd (letterlijk: nieuwe steentijd), met de eerste vormen van landbouwnederzettingen.
Obelisk: Vierkante, naar boven toe smaller wordende zuil met aangespitste punt (weergave van een zonnestraal).
Odeon: Theater voor muziekuitvoeringen.
Oost-Grieken: De Grieken die op de Cycladen en in Klein-Azië gevestigd waren.
Oriëntaliserend: Fase in de Griekse kunst, vooral tussen circa 700 en 500 v.C., die een grote invloed laat zien van de vorm- en beeldtaal uit het Oosten (onder meer opstellingen in friezen; voorstelling van dieren en fantastische wezens).

Paleolithicum: Letterlijk: oude steentijd. Oudste fase van de steentijd, met rondzwervende verzamelaars-vissers-jagers.
Paneeldecoratie: In de decoratie, bijvoorbeeld van een vaas of een wand, worden al dan niet omlijste vlakken uitgespaard, waarin dan meestal figurale voorstellingen worden aangebracht.
Patera: Plengschaal.
Patronus: beschermheer van de *clientes* en de vrijgelatenen.
Pedum: herdersstaf met gekromd uiteinde.
Peplos: Een kleed bestaande uit een wollen lap die om het lichaam gedrapeerd werd en met spelden op de schouder vastgemaakt.
Peripterus: Tempel die helemaal door een zuilengang omgeven is.
Peristasis: Zuilengang rond een tempel.
Peristylium: Met zuilen omgeven binnenplaats (meestal van een huis).
Phorminx: De eenvoudigste vorm van de Griekse lier.
Picnostylus: met de zuilen (te?) dicht bij elkaar.
Picturaal: Letterlijk: met betrekking tot de schilderkunst. Overdrachtelijk: volgens de werkwijze en stijl van de schilderkunst; schilderachtig.
Pijler: Algemene naam voor elke balk- of cilindervormig verticaal element dat als steun dienstdoet. In meer specifieke zin gaat het uitsluitend om de met mortel en stenen opgebouwde verticale steunen, terwijl zuilen, kolommen en pilaren monolieten zijn of door opeenstapeling van grote blokken (trommels) tot stand kwamen.
Pilaster: Uit de muur vooruitspringende platte pijler of zuil, meestal met basement en kapiteel.
Podiumtempel: Tempel op hoog voetstuk, en slechts langs één zijde benaderbaar.
Pomerium: De oorspronkelijke en sacrale stadsgrens van de stad Rome.

Poros: Verzamelnaam voor alle steensoorten die minder hard zijn dan marmer en arduin.
Praetorianen: Lijfwacht van de Romeinse keizers.
Predynasticum: In de chronologie van Egypte: de periode vooraleer bij de heersers gesproken kan worden van dynastieën.
Propontis: Gebied rond de huidige Zee van Marmara, verbonden met de Zwarte Zee via de Bosporus en met de Egeïsche Zee via de Hellespont.
Propyleeën: Monumentaal poortgebouw met zuilen.
Praetor: het belangrijkste rechterlijke ambt in Rome.
Prothesis: Het opbaren van de dode.
Protogeometrisch: Eerste fase van de geometrische stijl.
Prytaneum: Gebouw waarin de prytanen zetelden; in Athene waren dat de leden van het college, gekozen uit de Raad van vijfhonderd, die met het dagelijks bestuur belast waren.
Punisch: Romeinse naam voor Carthaags en voor de cultuur in de invloedssfeer van Carthago.
Putto (mv. putti): naakt afgebeeld knaapje, met of zonder vleugels.
Pyxis: Kleine, met een deksel afgesloten doos, waarin kostbaarheden en snuisterijen bewaard werden.

Quadrifrons: Met vier gevels of vier gezichten.
Quadriga: Vierspan.
Quaestor: financieel magistraat in Rome.

Regenlandbouw: Landbouw waarin gebruik wordt gemaakt van de velden en weiden die op spontane wijze ontstaan (vooral op de heuvelflanken), onder invloed van de regen.
Representatief: Gericht op uiterlijk vertoon en statussymboliek.
Resaliet-/risaliettechniek: Afwisseling van uit- en inspringende partijen in een wand, wat een licht- en schaduwspel veroorzaakt en ook zorgt voor meer stevigheid.
Roodfiguraal: Griekse vaasschilderkunst: de figuren hebben de kleur van de (met toevoer van lucht) oxyderend gebakken vaaswand, terwijl de achtergrond – in feite een verdund laagje klei – door reducerend bakken (met afsluiting van de luchttoevoer) zwart geworden is. Zwartfiguraal: hier zijn de figuren zwart en de achtergrond rood.

Scarabee: De scarabee of mestkever – een geliefd amulet – werd door de Egyptenaren in verband gebracht met de rijzende zon en de vruchtbaarheid, doordat hij een mestballetje met daarin zijn eitjes naar zijn hol voortrolde.
Sella curulis: Betekende wellicht 'wagenzetel'; oorspronkelijk koningszetel van waaruit recht werd gesproken; ivoren of met ivoor bezette klapstoel die belangrijke Romeinse magistraten meevoerden of waarop ze zaten bij officiële functies; bij funeraire plechtigheden werden de beelden van voorouders soms op een *sella curulis* meegedragen.
Signum: Stok met allerlei tooisels en emblemen, waarmee aan een legereenheid tactische manoeuvres werden doorgegeven.
Sistrum: Oud-Egyptisch rinkelend of ratelend metalen muziekinstrument.
Site: Archeologische vindplaats.
Spektakelbouw: Algemene benaming voor de Romeinse gebouwen – theaters, amfitheaters en dergelijke – waarin vermakelijkheden plaatsvonden.
Stadium: Renbaan voor hardlopen.
Stoa: Langgerekte overdekte hal met gesloten achterwand, dichtgemaakte korte zijden, en een open voorzijde die door zuilen geschraagd wordt.
Syrinx: De Griekse herdersfluit, onze panfluit.
Systylus: De afstand tussen de zuilen lijkt compact.

Tectonisch: Tectonisch principe: het harmonisch samengaan van de functionele en decoratieve vorm van gebruiksvoorwerpen.
Tell: Ruïneheuvel.
Terrasbouw: Architecturaal complex waarvan de structuur niet door een vooropgezet plan bepaald is, maar veeleer door het zich aanpassen aan het natuurlijk kader, in concreto de aanwezigheid van terrassen.
Thermen: Monumentale badhuizen bij de Romeinen.
Tholus: Ronde constructie met koepelvormig dak.
Thyrsus: Lange, met klimop, wingerdranken of linten omwonden rieten stok waarop een grote knop was aangebracht die uit klimop, wijnloof of een dennenappel bestond.
Tondo (mv. todi): rond medaillon omheen voorstelling.
Tongewelf: Gewelf met een halfcirkelvormige of ovale dwarsdoorsnede, waarbij de druk op de hele lengte van de muren weegt.
Topografie: Algemeen: plaatsbeschrijving. In het bijzonder: onderzoek naar het hoe en het waarom van een plaatskeuze.
Toscaans: Italiaanse versie van de Dorische zuil, dat is met gladde schacht.
Tribunus: 'wijkhoofd', met burgerlijke of militaire bevoegdheid over een wijk (*tribus*) of kiesdistrict.
Trigliefen: Veelal wordt aangenomen dat de trigliefen – de rechthoekige stenen blokken die in de Dorische orde tussen de architraaf en de kroonlijst aangebracht zijn – ontstonden uit de versiering van de oorspronkelijke houten balken die op de architraaf rustten. Ze hebben aan de voorzijden twee verticale gleuven of inkepingen, waarvan de randen links en rechts hol afgeplat zijn. De term driegleuf zinspeelt klaarblijkelijk op de drie vlakken die door de gleuven ontstaan zijn.
Trireem/triëre: Letterlijk: drieriemer, driedekker, drie-rijer (met drie rijen roeiers). Standaardtype van het Griekse oorlogsschip. Circa 35 meter lang en circa 5 meter breed. Er was één man per roeiriem voorzien, wat tot een totaal van circa honderdzeventig roeiers leidde.
Tumulus: Grafheuvel.
Tympanon: In de muziek: handtrom. Zie ook, in de architectuur: fronton.

Urnenveldencultuur: Algemene naam voor de culturen van

de late bronstijd met crematieritus. Zie ook: Hallstatt - La Tène.

Vaasvormen:

Amfoor

Panatheneïsch Puntamfoor Nekamfoor Nola Nikosthenes Peliké Puntamforisk

Amfoor: kruik, over het algemeen eivormig, met een nauwe opening, en afgesloten met een deksel
Diende voor de bewaring van allerlei voorwaarden
Pelikè: een peervormige kruik

Krater

Zuilkrater Volutenkrater Kelkkrater Klokkrater Klokkrater Met oortjes Dinos

Krater: met wijde recipiënt en wijde halsopening; voor het mengen van wijn met water
Stamnos: kleiner mengvat, veelal eenvoudig van vorm
Dinos: zonder handvatten, en met ronde bodem (wordt in de bodem of op een voetstuk geplaatst)

Oenochoe = schenkkan

Olpè

Kylix = drinkschaal

Kylix/drinkschaal: wijde kom, met voet waarvan de hoogte kan verschillen; om uit te drinken

Lecythus

Aryballusachtig Eikelachtig

Lecythus: langwerpig, uitgerekt cilindervormig flesje, dat op een smal rond standvlak rust; lange hals
In Athene vanaf het midden van de vijfde eeuw voor Christus, alleen voor funerair gebruik

Cantharus

Zetelvormig Cantaharoïed Kyathos

Cantharus: drinkbeker met twee hoge opstaande handvatten; gewoonlijk op hoge voet
Kyathos: met één enkel, lang handvat; voor het scheppen van de wijn uit de krater

Scyphus

Skyphos/Kotyle: beker, bokaal, nap; het equivalent van onze kommen
Mastos: met de vorm van een vrouwenborst

Loutrophoros Lebes Hydria

Loutrophoros: lange vaas, met lange hals en uitstaande mond; voor het halen van water (veelal bij het huwelijksritueel)
Lebes: is in feite een dinos op onderstel of met voet
Hydria 1: met twee oren op de schouder en een derde oor tussen de lip en de schouders
Hydria 2: met twee oren op de schouders (geen derde oor)

Pyxis

Nicostheniaans Lekanis-pyxis Lekanis Kalathos Drievoet-pyxis Drievoet-kothon

Pyxis: doosje zonder handvat; deksel met centrale knop, of (in de vijfde eeuw voor Christus) ringvormig handvat met knop
Lekanis: schaal met deksel, standvlak en meestal twee handvatten; vooral door vrouwen gebruikt voor diverse doeleinden

Varia en bijzondere vormen

Alabastron Aryballus Askos Epinetron Psykter Spoel Staander Phiale

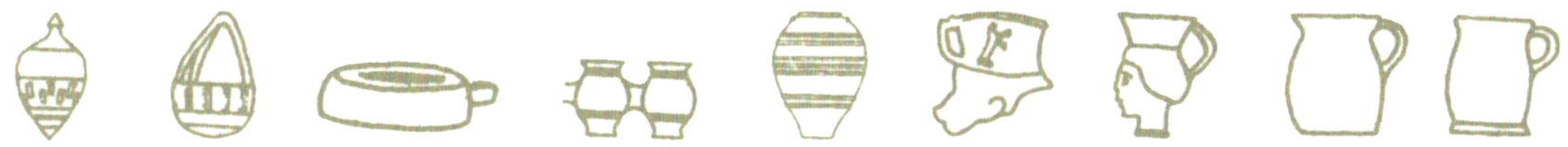

Puntpyxis Mandje Kothon Gecombineerd Pithos Rhyton Antropomorf Beker Beker

Alabastron: lange en dunne flacon, dikwijls met bolronde bodem; voor drank of parfum
Aryballos: eivormige of dikbuikige flacon, dikwijls met bolronde bodem; voor drank of parfum
Askos: letterlijk 'wijnzak'; vaasje met schenktuit, voor wijn
Psykter: vat waarvan de maximale breedte naar onderen toe ligt; voor het koelen van de wijn
Phiale: plengschaal

Vensterpaneel: Zie: paneeldecoratie. Het uitgespaarde vlak lijkt op een venster.
Vexillum: Militair veldteken dat bestond uit een houten stang, waaraan aan een dwarshout een vierkant doek bevestigd was.
Villa: Landhuis of herenboerderij (*villa rustica*) of herenhuis in de stad (*villa urbana*).
Votiefgiften/Wijgeschenken: Geschenken uit devotie of naar aanleiding van een gelofte.
Woonsite: Archeologische vindplaats waar sporen van bewoning aangetroffen zijn.

Ziggoerat: Assyrisch-Babylonische benaming voor een tempeltoren of hoge terrastempel.
Zuil: Zie: pijler.
Zwartfiguraal: Zie: roodfiguraal.

Roscher 1,1 698: Athena (kopie van het Parthenon-beeld)

ATHENA. Dochter van Zeus, in volle wapenrusting uit zijn hoofd geboren. Beschermde vooral de stad Athene, waarvan ze na een wedstrijd met Poseidon schutsgodin geworden was. Patrones van het vrouwelijk handwerk, de kunst en de wetenschappen, en geroemd om de combinatie van schranderheid en moed. Andere namen: Pallas, Ergane ('Weefster'), Parthenus ('Maagd'), Polias ('Van de stad'), Promachus ('Voorvechtster'). Werd in Rome geïdentificeerd met Minerva.

ATREUS. Zoon van Pelops en Hippodamia, kleinzoon van Tantalus, vader van Agamemnon en Menelaüs (de Atriden). Werd koning in Mycene en huwde er Aërope. Hij verdreef Thyestes, toen die zijn vrouw verleid had. Later zette Atreus in een wraakactie wegens een aanslag Thyestes het vlees van zijn eigen kinderen voor. Thyestes vervloekte daarop Atreus en het geslacht van de Atriden.

ATLANTIS. Mythisch eiland in de Atlantische Oceaan, dat door de zee verzwolgen werd.

Daremberg - Saglio 1,1 528: Atlas en Sfinks

ATLAS. Een van de Titanen. Moest als straf voor zijn deelname aan de bestorming van de Olympus (de woonst van de goden) het hemelgewelf torsen.

ATTILIUS. Werd als gevangene door Carthago vrijgelaten, om bij de Romeinse senaat voor Carthago te bemiddelen. Pleitte daar echter om het been stijf te houden. Toen hij toch naar Carthago terugkeerde, wachtten hem daar gevangenschap en dood.

ATTIS. Vruchtbaarheidsgod, geliefde van Cybele. Werd wegens zijn liefde voor de nimf Sagaritis in razernij tot castratie gebracht, met de dood tot gevolg. Attis herrees en trok samen met Cybele in zegetocht rond. De Attiscultus drong te Rome door in de eerste eeuw v.C.

ATYS. Zoon van Heracles en Omphale.

Daremberg - Saglio 3,1 407: Augustus (portretstandbeeld)

AUGUSTUS (63 v.C.-14 n.C.). Gaius Iulius Caesar Octavianus was de eerste Romeinse keizer (31 v.C.-14 n.C.). Achterneef, aangenomen zoon en erfgenaam van Caesar. Sloot in 43 v.C. het tweede triumviraat met Antonius en Lepidus, waardoor hij kon heersen over het westen van het rijk. Huwde in 38 v.C. met Livia. Versloeg in 36 v.C. Sextus Pompeius. Overwon in 31 v.C. tijdens de derde burgeroorlog bij Actium Antonius, en werd alleenheerser. In 27 v.C. verving hij zijn naam Octavianus door de bijnaam Augustus (= de verhevene).

AURORA. Romeinse naam voor Eos.

BACCHANTEN. Vrouwelijke volgelingen van Bacchus-Dionysus, met loshangend haar en een thyrsusstaf (omwonden met wijnranken of klimop en bekroond met dennenappel). Zie ook: Menaden.

BAUCIS. Echtgenote van Philemon. Het bejaarde echtpaar ontving gastvrij twee arme reizigers, Zeus en Hermes zoals later bleek. De minder gastvrije streekbewoners werden gestraft door een overstroming, terwijl de hut van Philemon en Baucis een tempel werd, en zijzelf de bewakers ervan. Later veranderden ze in twee bomen.

BELLEROPHON. Na een moord vluchtte Bellerophon naar Proetus van Argos. Diens vrouw Antea beschuldigde hem ervan haar te willen verleiden. Proetus stuurde hem naar zijn schoonvader Iobates in Lycië. In een geheime brief vroeg hij hem te laten omkomen.

Roscher 1,1 763-764: Bellerophon doodt de chimaera, terwijl Athena en Iobates toekijken

Maar met de hulp van het gevleugelde paard Pegasus overleefde Bellerophon het gevecht met de Chimaera (monster dat van voren een leeuw en in het midden een geit was, en uitliep in een slang). Het paard had hij kunnen temmen dankzij de gouden toom die hij van Athena ontving. Bij de bestijging van de Olympus wierp het paard zijn ruiter af. Bellerophon gold ook als de bliksemdrager van Zeus (op de Olympus).

BERENICE. Dochter van de Joodse koning Herodes Agrippa. Eerst geliefde van haar eigen broer. Had later een verhouding met keizer Titus, die tussen 67 en 70 de opstand van de Joden bedwong.

BILITIS. Door de Gentenaar Pierre Louÿs bedachte fictieve Griekse dichteres. Zou een tijdgenote en zielsverwante van Sappho geweest zijn. Zie ook: Sappho.

Roscher 1,1 807-808: Boreas grijpt Orithyia (vaas)

BOREADEN/BOREAS. Zetes en Calaïs, de zonen van Boreas (de verpersoonlijking van de noordenwind) en Orithyia. Namen deel aan de Argonautentocht. Bevrijdden Phineus van de Harpijen.

Roscher 5 41-42: wegvoering van Briseïs door Agamemnon; achter hen: Talthybius en Diomedes

BRISEIS. Trojaanse die door Achilles werd buitgemaakt. Toen Agamemnon Chryseïs moest afstaan, eiste hij Briseïs op. Daarop weigerde Achilles nog aan de strijd deel te nemen.

BRITTANICUS (41-55). Zoon van keizer Claudius en Messalina. Agrippina Minor wist te bewerken dat Nero hem verdrong als troonopvolger. Werd door Nero vergiftigd.

CABIREN [Kabeiroi]. Frygische godheden, vruchtbaarheidsdemonen en beschermers van de matrozen. Vooral vereerd op Samothrace.

Roscher 1,2 861-862: Cadmus en zijn gezellen strijdend met de draak (spiegel)

CADMUS. Zoon van Agenor, echtgenoot van Harmonia. Op zoek naar zijn door Zeus geroofde zus Europa stichtte hij Thebe. Cadmus en Harmonia hadden vijf kinderen: Polydorus als zoon, Agavis, Autonoë, Ino en Semele als dochters.

CAERUS [Kairos]. Verpersoonlijking van het gunstig ogenblik, afgebeeld met een kaal voorhoofd en slechts één lok op het voorhoofd (= de gelegenheid moet worden gegrepen als ze komt).

Croon 53: Caesar

CAESAR. Gaius Iulius Caesar (100-44 v.C.) was een Romeins staatsman en veldheer. Sloot in 60 een triumviraat met Crassus en Pompeius. Hij was, zowel administratief als militair, actief in Gallië, Spanje, Egypte – waar hij Cleopatra liet over regeren – Klein-Azië en Noord-Afrika. Toen hij, terug in Italië, imperator en dictator voor het leven geworden was, werd hij in 44 op aanstoken van Brutus en Cassius in de senaat vermoord.

Croon 54: Caligula

CALIGULA. Romeins keizer (37-41). Eigenlijke naam: Gaius Caesar. Dankte zijn bijnaam Caligula (= soldatenlaarsje) aan de tijd die hij als kind in het kamp van zijn vader Germanicus doorbracht. Was half waanzinnig. Vermoord wegens zijn verspilzucht, afpersingen en wreedheden.

CALLISTO [Calliste]. Dochter van de Arcadische koning Lycaeon. Uit haar relatie met Zeus werd Arcas geboren. Artemis of Hera veranderden haar daarom in een berin. Volgens een andere versie werd ze onopzettelijk bij de jacht door Artemis getroffen. Zeus maakte van Callisto de Grote Beer.

CAMILLA. Dochter van de Volscer (Italisch volk) Metabus. Door soldaten opgejaagd vluchtte hij met zijn dochtertje. Bij de onstuimige rivier Amasenus bond hij haar aan zijn lans en slingerde deze naar de overkant. Hij zou haar aan Diana wijden als ze gered werd. In de strijd tegen Aeneas steunde Camilla Turnus als aanvoerster van een vrouwelijke keurtroep. Ze werd onverhoeds door een pijlschot gedood.

CARACALLA. Marcus Aurelius Antoninus, Romeins keizer van 211-217, was berucht wegens zijn wreedheid.

Croon 56: Caracalla

CASSANDRA [Kassandra]. Dochter van Priamus en Hecabe. Omdat ze de liefde van Apollo afwees, bewerkte de god dat haar voorspellingen nooit werden geloofd (bijvoorbeeld omtrent de rol van het houten paard bij de val van Troje). Na de inname van de stad werd ze achtereenvolgens slavin van Aiax en Agamemnon (met wie ze samen in Mycene werd vermoord).

CASTOR. Zie: Dioscuren.

CATO (234-149 v.C.). Marcus Porcius Cato de Oudere is vooral bekend als censor. Hij was een strenge voorstander van de voorvaderlijke deugden. Verder schreef hij over landbouw en drong obstinaat aan op de verwoesting van het vijandelijke Carthago.

Croon 59: Cato

CECROPS [Kekrops]. Oud-Attische god of koning. Was scheidsrechter toen Athena en Poseidon streden om het bezit van Attica. Zijn dochters waren Aglaurus, Herse en Pandrosus.

CENTAUREN [Kentauroi]. De centauren waren mythische wezens, met het bovenlichaam en het hoofd van een mens en het onderlijf van een paard. Hun verblijf was de berg Pelion in Thessalië. Zie ook: Lapithen.

CEPHALUS [Kephalos]. Zoon van Hermes en Herse, gehuwd met Procris. Hij was een verwoed jager. Van Procris kreeg hij een lans die altijd doel trof. Rustend in een bos hoorde hij geritsel als van een wild dier, maar het was zijn vrouw Procris die hem gevolgd was. Zo doodde hij haar. Eos, die op hem verliefd geworden was, trachtte hem tevergeefs Procris te doen vergeten.

CERBERUS [Kerberos]. Driekoppige hellehond, die de toegang tot de onderwereld bewaakte en de schimmen tegenhield. Zoon van Typhon en Echidna. Soms heeft hij maar één of twee koppen, soms wel honderd. Heracles slaagde erin om hem uit de onderwereld weg te halen, en Orpheus suste hem met zijn zang in slaap.

CERCOPEN [Kerkopes]. Kwaadaardige stam. Toen de Cercopen Heracles van zijn wapens beroofden, strafte deze hen door ze met het hoofd naar beneden aan een stok te binden. Ze werden door Zeus veranderd in apen.

CERES. Oud-Italische graangodin, in het begin samen met Tellus vereerd, later gelijkgesteld met Demeter. Komt vaak samen voor met Liber en Libera.

CHARIS/CHARITEN. Homerus heeft het over één Charis, de echtgenote van Hephaestus. Later is er sprake van drie Chariten of Gratiën: Euphrosyne ('Blijheid'), Aglaea ('Glans') en Thalia ('Bloei'). Deze godinnen van de bevalligheid waren dochters van Zeus en Eurynome.

Roscher 1,1 884: Chariten (gemme)

Roscher 1,1 885-886:
Charon en Hermes (vaas)

CHARON. Zoon van Erebus en Nyx. Als veerman van de onderwereld zette hij met zijn bootje de doden over die aankwamen bij de Styx. Bij een overlijden plaatste men een muntje (obool) in de mond van de dode, om er de veerman mee te kunnen betalen. De schim van wie nog niet begraven was werd door Charon tegengehouden. Hij werd veelal voorgesteld met ruige baard, reismuts en korte schoudermantel. Hermes bracht de doden tot bij hem.

Daremberg - Saglio 1,2 1103:
Chimaera

CHIMAERA [Chimaira]. Fabeldier, van voren een leeuw, in het midden een geit, en uitlopend op een slang. Zou afstammen van Typhon en Echidna, en werd verslagen door Bellerophon. Was mogelijk het symbool van koude en winterstormen.

Roscher 1,1 26: Chiron en Achilles
(fresco uit Pompeji)

CHIRON. Wijze centaur, vooral beslagen in muziek en geneeskunde. Was opgeleid door Apollo en Artemis. Hij gaf onderricht aan Iason, Achilles, Theseus en Asclepius. Toen hij getroffen werd door een giftige pijl van Heracles, schonk hij zijn onsterfelijkheid aan Prometheus. Hij is als boogschutter opgenomen onder de sterren.

CHLOE. Naam van Demeter als beschermster van het opgroeiende graan.

CHLORIS. Bloemennimf. Ook: dochter van Amphion en Niobe, die gespaard bleef voor Artemis' pijlen.

CIRCE [Kirke]. Dochter van Helius en Perseïs, tovenares op het eiland Aea. Ze veranderde Odysseus' gezellen in varkens. Met een kruid dat Odysseus van Hermes kreeg werd ze gedwongen hen hun vroegere gedaante terug te geven. Ze zou zelfs dankzij Odysseus moeder van Telegonus zijn geworden, en gaf hem verder goede raad in verband met het raadplegen van de schim van Tiresias en het varen langs het eiland van de Sirenen.

Croon 66: Claudius

CLAUDIUS. Romeinse keizer van 41 tot 54. Zorgde voor een sterke centralisatie van het hele rijk. Werd vermoord.

CLEOPATRA. Egyptische koningin, die zich met steun van Caesar wist te handhaven en trouwens zijn minnares was. Later geliefde van Antonius. Pleegde zelfmoord.

Croon 69: Commodus

COMMODUS, Lucius Aelius Aurelius was een Romeinse keizer (161-192). Ontpopte zich vlug als hebzuchtige wreedaard en machtswellusteling.

CONCORDIA. Romeinse godin van de eendracht.

Croon 70: Constantijn de Grote

CONSTANTIJN DE GROTE. Was Romeins keizer (306-337). Zorgde er mee voor dat het christendom een toegelaten godsdienst werd (zogenaamde tolerantie-edict uit 312/313). Slaagde erin om het rijk opnieuw te verenigen, en maakte in 330 van Constantinopel de nieuwe hoofdstad van het rijk.

CONSTANTIUS II (317-361). Derde zoon van Constantijn de Grote. Werd keizer in 337.

CORA, CORE = PERSEPHONE.

CORIOLANUS. Romeins patriciër die in 493 v.C. de Volscische stad Corioli veroverde. Trok tegen Rome op, maar zwichtte voor de smeekbeden van zijn moeder en echtgenote.

CORYBANTEN [Korubantes]. Priesters van Cybele, ook Galli genaamd. Voerden onder wilde muziek extatische dansen uit.

CRESSIDA. Heldin in het postklassiek liefdesverhaal van Chaucer, naar de *Roman de Troie* van Benoît de Sainte-Maure (teruggaand op de *Dictys Cretensis* en *Dares Phrygius*). Zie ook: Troïlus.

Daremberg - Saglio 3,2 1667: dood van Creüsa (detail van vaas)

CREÜSA [Kreousa]. Dochter van Creon. Iason verstootte Medea om haar. Vond de dood door een vergiftigd kleed dat Medea als bruidsgeschenk door haar kinderen had laten brengen. Verschroeid zocht ze afkoeling in een bron en verdronk. Ook een dochter van Priamus heette Creüsa. Ze was gehuwd met Aeneas en de moeder van Ascanius.

CROESUS. Laatste en zeer rijke koning van Lydië (561-546 v.C.). Werd overwonnen door Cyrus. Rond zijn persoon zijn veel legenden ontstaan, vooral in verband met zijn spreekwoordelijke enorme rijkdom.

Daremberg - Saglio 5 281: Croesus op zijn troon

CRONUS [Kronos]. Zoon van Uranus en Gaea. Onttroonde zijn vader en huwde met zijn zuster Rhea. Zijn kinderen Hestia, Hera, Demeter, Hades en Persephone slokte hij op bij hun geboorte. Zeus ontsnapte, omdat Rhea hem een in luiers gewikkelde steen aanreikte. Vlug volwassen geworden overwon Zeus Cronus, die de eerder verslonden kinderen uitbraakte. Cronus werd het symbool van de tijd (Grieks: *chronos*), omdat de tijd de jaren – zijn eigen kinderen – verslindt. Zie ook: Saturnus.

CUPIDO. Latijnse naam van Eros, god van de liefde en zoon van Aphrodite en Ares. Zie ook: Amor, Aphrodite, Eros, Psyche, Venus.

CURETES [Kouretes]. Met bronzen wapens uitgeruste halfgoden. Toen Rhea haar kind Zeus aan hen toevertrouwde, om het te verbergen voor Cronus, wisten ze met hun woeste oorlogsdans en gezangen het gehuil van het kind voor Cronus te overstemmen. Zo werd Zeus gered. De Curetes worden vaak in verband gebracht met de Corybanten van de Frygische Rhea Cybele.

CYBELE [Kubebe, Kubele]. Oorspronkelijk Frygische natuurgodin, vereerd als *Magna Mater* (= de Grote Moeder). Werd reeds vroeg vereenzelvigd met de Griekse Rhea.

CYCLOPEN [Kuklopes]. Eenogige reuzen die op een eiland woonden. De bekendste Cycloop is Polyphemus, die door Odysseus blind werd gemaakt. Van de Cyclopen wordt onder meer verhaald dat ze Hephaestus hielpen in zijn smidse (gesitueerd onder de Etna of andere vulkanen in de buurt).

CYTHERA [Kuthera]. Eiland ten zuiden van de Peloponnesus, waar Aphrodite vereerd werd en een beroemde tempel had.

DAEDALUS [Daidalos]. Legendarische beeldhouwer en bouwkundige uit Athene. Maakte als eerste beelden van een stappende mens, met open ogen en de armen los van het lichaam. Bouwde op Kreta het labyrint voor koning Minos, maar raakte bij hem in ongenade toen hij de vlucht van Ariadne met Theseus ondersteunde. Opgesloten maakte hij voor zichzelf en zijn zoon Icarus vleugels, die hij met was bevestigde. Icarus waagde zich echter te dicht bij de zon, waardoor de was smolt. Icarus stortte in zee (naar hem de Icarische Zee genoemd).

Roscher 1,1 933-934: Daedalus en Icarus (reliëf)

Roscher 1,1 948: Danaë komt tevoorschijn uit de kist (munt)

DANAE. Dochter van koning Acrisius. Hem was voorspeld dat hij door een kleinzoon gedood zou worden. Daarom sloot hij Danaë op in een bronzen torenkamer. Zeus kwam echter over haar als een gouden regen, zodat zij de moeder werd van Perseus. Moeder en kind werden opgesloten in een kist en in zee geworpen. Ze werden gered door vissers van het eiland Seriphus.

Roscher 1,1 949-950: de Danaïden (reliëf)

DANAÏDEN. De vijftig dochters van Danaüs, die tegen hun zin uitgehuwelijkt werden aan de vijftig zonen van Aegyptus, met de bedoeling dat ze hun mannen in de huwelijksnacht zouden doden. Zo geschiedde, behalve door Hypermestra die haar man Lynceus spaarde. De Danaïden zouden, althans volgens één versie, als straf in de onderwereld een bodemloos vat met water hebben moeten vullen.

DAPHNE. Dochter van de riviergod Peneüs in Thessalië. Toen Apollo haar verliefd achternazat, veranderde ze in een laurier (Grieks: *daphne*). Sindsdien is de laurier aan Apollo gewijd. Zie ook: Apollo.

DAPHNIS. Zoon van Hermes, fluitspeler en schepper van het herdersdicht. Werd blind wegens zijn ontrouw aan een nimf.

DARDANUS [Dardanos]. Zoon van Zeus en Electra. Stichtte de Frygische stad Dardanis, het latere Troje. Was gehuwd met Chryse, die van Athena het Palladium (= cultusbeeld van Athena) ten geschenke had gekregen.

DEIANIRA. Dochter van Oeneus of Euënus. Ze werd de vrouw van Heracles nadat hij om haar had gevochten met de riviergod Acheloüs. Later bezorgde zij zonder het te weten Heracles het giftige hemd van de centaur Nessus. Toen dat de dood van haar man veroorzaakte, pleegde zij zelfmoord.

DEIDAMIA. Dochter van Lycomedes. Bij Achilles moeder van Neoptolemus. Zie ook: Achilles.

DELIA. Bijnaam van Artemis, die op Delus geboren is.

Roscher 1,1 861: Demeter of Ceres (fresco Pompeji)

DEMETER. Godin van de landbouw, zus van Zeus en moeder van Persephone. Bij de Romeinen vereenzelvigd met Ceres. In de Mysteriën van Eleusis wordt Demeter in verband gebracht met de ontvoering van Persephone door Hades. Toen ze op zoek was naar haar dochter bracht de aarde geen graan meer voort. Bij die gelegenheid werd ze gastvrij ontvangen door de koning van Eleusis, wiens zoon Triptolemus ze later zou uitzenden om de landbouw te leren aan de mensen. Om een einde te maken aan de ontvoering stuurde Zeus Hermes naar Hades om hem te gebieden Persephone terug te geven, zodat de aarde weer gewassen zou voortbrengen. Persephone moest echter elk derde van een jaar bij haar echtgenoot in de onderwereld doorbrengen. Attributen van Demeter: de vruchten van het veld en de toorts (voor haar zoektocht naar Persephone).

DEMONEN [Daimones]. Aanvankelijk algemene benaming van godheden, ook minder belangrijke goden. Volgens een latere opvatting was de natuur vervuld van goede en slechte demonen.

DEMOPHON [Demophoon]. Zoon van Celeüs. Zou dezelfde zijn als Triptolemus, die van Demeter graankorrels ten geschenke kreeg en op haar drakenwagen uitgezonden werd om de mensen de landbouw en een geordende maatschappij te leren.

DEMOSTHENES (384-322 v.C.). Atheens redenaar, die zijn beste krachten wijdde aan de strijd voor de vrijheid van zijn stad tegen Philippus II van Macedonië. Van hem zijn 61 redevoeringen bewaard.

Croon 82: Demosthenes

DIDO. Ook Elissa genoemd. Zus van Pygmalion, de koning van Tyrus. Toen deze haar man Sychaeüs doodde, vluchtte Dido naar Noord-Afrika, waar ze van koning Iarbas een stuk grond kreeg, 'zo groot als ze met een runderhuid kon omspannen'. In repen gesneden omvatte de huid een hele heuvel. Zo stichtte ze Carthago ('Nieuwstad'). Een huwelijk met Iarbas wees ze af, maar ze werd wel verliefd op de zwervende Aeneas. Toen hij op bevel van de goden moest vertrekken, pleegde ze zelfmoord. Zie ook: Aeneas.

Roscher 1,1 1015-1016: Dido verlaten door Aeneas

DIOCLETIANUS. Romeins keizer (239-313). Verdeelde het rijk in twaalf delen. Was verantwoordelijk voor een van de ergste christenvervolgingen.

DIOGENES. Grieks filosoof (circa 400-325 v.C.). Belangrijkste vertegenwoordiger van de zogenaamde Cynici. Hij kwam op voor eenvoud, soberheid en vrijheid. Zou in een ton hebben geleefd en ooit op klaarlichte dag op de markt met een lantaarn naar een 'mens' hebben gezocht.

Daremberg – Saglio 2,1 332: Diogenes

DIOMEDES. Wrede Thracische koning, wiens paarden door Heracles meegevoerd werden en zelf door zijn paarden werd verslonden. Een andere Diomedes was een dappere held in de strijd om Troje. Samen met Odysseus trok hij vermomd Troje binnen om het Palladium te roven.

Roscher 1,1 1025-1026: Diomedes en Odysseus bij de roof van het Palladium (reliëf)

DIONYSUS [Dionusos]. Zoon van Zeus en Semele. God van de extase en de beroezende wijn. Trok rond met een geleide van menaden, saters en bacchanten. Wie hem dwarsboomde, trof hij met dood of waanzin. Huwde met Ariadne. Zie ook: Ariadne, Bacchanten, Saters.

Roscher 2,1 1617-1618: inwijding van de kleine Dionysus door Corybanten (ivoren reliëf)

DIOSCUREN [Dioskouroi]. De 'zonen van Zeus', geboren uit een verbintenis van de Griekse oppergod met Leda, namelijk Castor en Polydeuces (Pollux in het Latijn). Namen deel aan de Calydonische jacht en de Argonautentocht. Beschermers in het gevecht en onderweg (cf. het sterrenbeeld Gemini of 'Tweelingen').

Roscher 1,1 1169-1170: de Dioscuren op weg naar een feestmaal (lecythus)

DIRCE [Dirke]. Vrouw van Lycus, koning van Thebe. Wegens een wrede behandeling van Antiope, werd ze later door haar zonen Amphion en Zetus gestraft. Ze bonden haar aan de horens van een woeste stier, wat haar dood betekende.

Daremberg - Saglio 1,1 240: bestraffing van Dirce

DORIS. Vrouw van Nereus en moeder van de Nereïden.

DRIEVOET. Voetstuk of stoel op drie poten. Attribuut van Apollo als voorspellende god.

ECHO. Deze bergnimf hield Hera op, toen deze Zeus bij een van zijn escapades wilde betrappen. Hera's straf maakte dat Echo alleen het laatste van wat gezegd was kon herhalen. Haar onbeantwoorde liefde voor Narcissus deed haar zo wegkwijnen, dat uiteindelijk alleen haar stem overbleef.

EIRENE = IRENE. Een van de Horen (dochters van Zeus en godinnen van de jaargetijden), en personificatie van de vrede. Latijnse naam: Pax.

Roscher 1,1 1237-1238: treurende Electra, met voedster, Talthybius, Orestes en Pylades (reliëf)

ELECTRA. Dochter van Agamemnon en Clytaemnestra, die de jonge Orestes uit de handen van Aegisthus en Clytaemnestra wist te redden na de moord op Agamemnon. Zij spoorde hem later aan om wraak te nemen op de moordenaars.

ELEUSIS. Stadje waar de Eleusinische Mysteriën werden gevierd ter ere van Demeter en Persephone.

Roscher 1,1 1245-1246: Endymion (reliëf)

ENDYMION [Endumion]. Knappe prins uit Elis. Werd bemind door de maangodin Selene. In een grot op de Klein-Aziatische berg Latmus dompelde ze hem in een eeuwige slaap, en bezocht hem daar iedere nacht.

Roscher 1,1 1277-1278: Eos op haar tweespan

EOS [Eoos]. Zus van Helius en Selene. Godin van de dageraad. Mende een wagen getrokken door twee paarden. Had liefdesaffaires met Cephalus en Orion. Vroeg voor haar echtgenoot Tithonus aan Zeus het eeuwige leven. Ze vergat daarbij ook de eeuwige jeugd te vragen. Tithonus verouderde en verschrompelde tot een krekel of sprinkhaan.

EPONA. Gallische godin van paarden en spannen.

Daremberg – Saglio 2,1 808: Erichtonius en de dochters van Cecrops

ERECHTHEUS/ERICHTONIUS. Een van de legendarische stichters van Athene, die vereerd werd in een tempel op de Atheense Acropolis. Werd geboren toen Hephaestus probeerde Athena te verkrachten, waarbij zijn zaad op de Aarde (Gaea) viel. Gaea bracht een kind ter wereld dat half man, half slang was. Athena vertrouwde de opvoeding van het kind toe aan de dochters van Cecrops. Tegen het verbod van de goden in openden dezen de kist waarin het kind lag. Ze schrokken zo hevig bij het zien van de slangengedaante, dat ze zich van de Acropolis naar beneden stortten.

ERINYEN [Erinues]. Wraakgodinnen van onrecht, vooral meineed en moord. Achtervolgden de schuldigen en konden zelfs het verstand van hun slachtoffer verblinden. Nadat ze zich met betrekking tot Orestes door Athena lieten verzoenen, kregen ze ook de eufemistische naam Eumeniden ('De goedgezinden').

Roscher 3,1 155-156: Eros tussen Nemesis en Elpis

EROS [Eroos]. Zoon van Aphrodite en Ares. God van de liefde, wiens geliefde Psyche was.

ESCULAAP. Zie Asclepius.

ETEOCLES [Eteokles]. Zoon van Oedipus en Iocaste. Toen Polynices na het vertrek van Oedipus de beurtrol om te regeren niet respecteerde, organiseerde Eteocles de expeditie van 'de Zeven tegen Thebe'. De broers sneuvelden hierbij in een tweegevecht. Zie ook: Antigone, Oedipus, Polynices.

EUMELUS. Zoon van Admetus en Alcestis, die deelnam aan de strijd bij Troje.

EUMENIDEN. Zie Erinyen.

Roscher 1,1 1415-1416: Europa op de stier (fragmentarische vaas)

EUROPA. Dochter van Agenor en zus van Cadmus. Bij een wandeling met vriendinnen langs het strand benaderde Zeus haar in de gedaante van een goedaardige stier. Europa liet zich verleiden om een ritje te maken op zijn rug. De stier stormde met haar door de branding en zwom tot in Kreta. Bij Zeus werd ze onder meer moeder van Minos.

EURYCLEA [Eurukleia]. Bejaarde voedster van Odysseus, die haar meester bij zijn terugkeer uit Troje als eerste aan een litteken herkende.

EURYDICE [Euridike]. Geliefde van Orpheus. Kort na haar huwelijk werd ze, achternagezeten door Aristaeüs, dodelijk gebeten door een adder. Haar dood deed Orpheus tot in de onderwereld afdalen, waar hij Hades en Persephone kon bewegen haar te mogen meenemen. Hij mocht onderweg wel niet naar haar omkijken. Toen hij die belofte niet nakwam, verdween Eurydice voorgoed in het rijk van de doden. Zie ook: Orpheus.

EUTERPE. Muze van de lyrische poëzie, afgebeeld met dubbel-*aulos*.

FAUNEN/FAUNUS. Faunen zijn het Romeins equivalent van de saters. Zie ook: Nimfen, Saters.

FAUSTULUS. Herder die de borelingen Romulus en Remus opvoedde.

FECUNDITAS. Personificatie van de vruchtbaarheid.

Roscher 1,2 1472: Fecunditas

FELICITAS. Verpersoonlijking van voorspoedig verloop en succes.

FIDES. Personificatie van de trouw. In haar tempel op het Capitool werden de staatsverdragen bewaard.

Roscher 1,2 1483: Fides

FLAMEN. Priester die de dienst van een speciale godheid verzorgde. Zo was er de Flamen Dialis van Iuppiter, de Flamen Martialis van Mars en de Flamen Quirinalis van Quirinus.

FLORA. Godin van de bloeiende gewassen. De Floralia waren een uitgelaten volksfeest.

FORTUNA. Godin van geluk en ongeluk. Gelijkgesteld met Tyche. Oorspronkelijk waarschijnlijk godin van zegen en vruchtbaarheid, en ook van de handwerkslieden en de neringdoenden. Attributen: hoorn van overvloed, roer, bal, rad, blinddoek.

FURIËN. Zie Erinyen.

GAEA [Gaia]. Godin van de aarde, ontstaan uit de chaos, gemalin van Uranus (de hemel). Attributen: slang, hoorn van overvloed, bloemen of vruchten. Bij de Romeinen heette ze Tellus.

Roscher 1,2 1575-1576: Gaea

GALATEA. Zeenimf. Koning Pygmalion van Cyprus raakte verliefd op een ivoren beeldje van haar, en vroeg Aphrodite het kunstwerk tot leven te brengen. De cycloop Polyphemus dong tevergeefs naar haar hand. Galatea zou verliefd zijn geworden op Acis. Toen ze samen stiekem naar de liefdesklachten van Polyphemus luisterden, werden ze door hem betrapt. Galatea wist in zee te ontkomen, maar Acis werd gedood door het rotsblok dat de cycloop naar hem slingerde. Een late overlevering liet Galatea toch voor Polyphemus' aandrang zwichten. Zie ook: Acis.

Roscher 1,2 1587: Galatea en Polyphemus (fresco Palatijn)

GALLA PLACIDIA. Dochter van keizer Theodosius I. Leefde van 392 tot 450. Bij de verovering van Rome door Alarik werd zij meegevoerd als gijzelaarster. Zij huwde met diens opvolger Athaulf, en na zijn dood met keizer Constantius III. Toen ook hij overleed, was zij gedurende twee jaar regentes voor haar zoon, de latere keizer Valentinianus III. De overlevering wil dat ze begraven ligt in het naar haar genoemde mausoleum in Ravenna.

Roscher 1,2 1597-1598: Ganymedes van Leochares

GANYMEDES. Mooie jongen, door de adelaar van Zeus ontvoerd, om in de hemel te dienen als wijnschenker.

Croon 109: Genius van de Senaat (links) en het Romeinse Volk (Ara Pacis)

GENIUS. Vertegenwoordiger van de levenskracht van de mens, de beschermgeest van de man, die hem tijdens het leven bijstond (die van de vrouw was Iuno). Werd afgebeeld met een hoorn van overvloed, en ook wel als een slang.

GERAS. Personificatie van de ouderdom.

Roscher 1,2 1631: Geryoneus, Eurytion, Heracles (vaas)

GERYON(ES) [Geruoon]. Zoon van Chrysaor. Reus met drie lichamen en twee vleugels. Hij woonde in het uiterste westen op het eiland Erythea. Een van de werken van Heracles was het halen van de runderen van Geryon, die door de reus Eurytion en de tweekoppige hond Orthrus bewaakt werden.

Roscher 1,2 1667-1668: Giganten op het Zeusaltaar in Pergamum

GIGANTEN. Zonen van Gaea, ontstaan uit het bloed van Uranus. Reuzen met een lichaam dat op een slangenlijf uitliep. Waagden het om de door Zeus geleide Olympische goden te bekampen. Om de Olympus te kunnen beklimmen stapelden ze de Pelionberg boven op de Ossa. Met de steun van Heracles werden de Giganten uitgeschakeld. De bekendste onder hen zijn Alcyoneus, Athos, Clytus, Enceläus, Gration, Porphyrio, Thoön en Typhoëus (of Typhon).

GLAUCUS [Glaukos]. Naam van verschillende mythische personages. Een van hen was een Boeotische visser, die na het eten van een toverkruid in zee sprong en er naderhand als zeegod verbleef. Toen de zeenimf Scylla hem afwees, richtte hij zich tot de tovenares Circe. Deze werd echter zelf verliefd op Glaucus, en veranderde Scylla daarom in een monster.

Roscher 1,2 1713-1714: Gorgonen op vaatwerk uit Cyrene

GORGONEN. Gevleugelde monsters, half mens, half dier, met de namen Euryale, Medusa en Stheno. Hun hoofd had apotropeïsche (afwerende) kracht. Later uitgebeeld als meisjes, wier hoofd met slangen omwonden was. Zie ook: Perseus.

GRYPS [Grups]/GRIFFIOEN. De griffioen is een dier met het lijf van een leeuw, en de vleugels en de kop van een adelaar.

HADES. Zoon van Cronus en Rhea. God van de onderwereld. Verkreeg zijn vrouw Persephone door schaking. Zie ook: Persephone.

Croon 116 Hadrianus

HADRIANUS. Romeinse keizer, die heerste van 117 tot 138. Vooral bekend door zijn vele reizen. Zijn mausoleum is de huidige Engelenburcht.

Roscher 1,2 1847-1848: Harpij (vaas)

HARPIJEN. Gevleugelde stormgodinnen, die de mensen spoorloos deden verdwijnen of hen kwelden. Hun slachtoffer Phineus werd door de zonen van Boreas bevrijd. Zie ook: Boreaden.

HARPOCRATES. Vergriekste vorm van Harpechrot. Gold als zoon van Isis. Vooral vereerd in de hellenistische en Romeinse tijd. Soms afgebeeld met een hoorn van overvloed of ook als een klein kind met zijn moeder Isis. Bij de Grieken werd hij vanwege zijn vinger in de mond als god van het stilzwijgen beschouwd.

MEMNON [Memnoon]. Zoon van Eos en koning van de Ethiopiërs. Kwam de Trojanen te hulp. Na heel wat heldendaden werd hij gedood door Achilles. Zijn moeder verkreeg voor hem van Zeus de onsterfelijkheid.

MEN. Mannelijke personificatie van de maan.

MENADEN/MAENADEN [Mainades]. Vereersters van Dionysus. Worden door hem tot extatische waanzin gebracht. Ze begeleiden hem bij zijn omzwervingen en volvoeren als zijn priesteressen zijn orgiastische riten. Tot razernij gebracht verscheuren ze dieren en eten het vlees ervan rauw op. Attributen: kroon van wingerdbladeren, reehuiden als kledij, thyrsusstaf. Ze worden vaak woest dansend afgebeeld, volkomen in eenwording met de natuur. Zie ook: Bacchanten.

Roscher 1,2 2262:
Menade die panter liefkoost (vaas)

MENELAUS [Menelaos]. Zoon van Atreus, broer van Agamemnon, echtgenoot van Helena. Was koning van Sparta. Toen Paris zijn vrouw schaakte, leidde dat tot de Trojaanse oorlog. In Troje overwon hij Paris in een tweegevecht, streed tegen Aeneas en Hector en verdedigde het lijk van Patroclus. Kreeg Helena en haar schatten terug van Proteus, nadat hij deze voorspeller van de toekomst eerst gedwongen had hem informatie te verstrekken (Proteus poogde te ontsnappen door telkens van gedaante te veranderen). Zie ook: Helena, Paris.

Roscher 1,2 2783-2784:
Menelaüs met het lijk van Patroclus (beeldengroep)

MERCURIUS. Romeinse god van handel en verkeer. Later de snelle bode van de goden. Vereenzelvigd met de Griekse god Hermes.

MEROPE. Vrouw van Sisyphus en een van de zeven dochters van Atlas en Pleione (de Pleiaden). Door Orion achtervolgd veranderde Zeus de Pleiaden in duiven. Ze werden later als sterren aan de hemel geplaatst. Volgens een ander verhaal gebeurde dat na hun zelfmoord uit droefenis om de dood van hun zussen, de Hyaden.

MESSALINA. Om haar onzedelijk leven beruchte Romeinse keizerin (22-48), derde gemalin van keizer Claudius. Zie ook: Claudius.

Roscher 1,2 2959: Midas (vaas)

MIDAS. Koning van Frygië. Inwoners van zijn land brachten eens de dronken Silenus terug bij Dionysus. Als beloning mocht Midas een wens doen. Hij vroeg dat alles wat hij aanraakte in goud zou veranderen. Maar ook zijn eten en drinken werd van goud. Als oplossing gebood Dionysus Midas zich in de Pactolus te wassen (rivier met goudzand). Bij een muziekwedstrijd tussen Apollo en Pan kende Midas Pan de overwinning toe. Apollo bezorgde Midas daarom ezelsoren. Midas verstopte die onder een Frygische muts, maar kon het geheim toch niet voor zich houden. In een gegraven kuil fluisterde hij: 'Midas heeft ezelsoren.' Toen er later riet op de kuil groeide, herhaalden de wuivende stengels deze woorden.

MINERVA. In de loop van de Romeinse geschiedenis volledig gelijkgesteld met Athena, van wie ze de meeste feiten uit haar curriculum overnam. Vormde met Iuppiter en Iuno de Capitolijnse trias. Zie ook: Athena, Iuno.

Daremberg – Saglio 2,2 1557:
Minerva in gevecht met de Gigant Enceladus

MINOS [Minoos]. Zoon van Zeus. Koning van Kreta. Werd na zijn dood rechter in de onderwereld.

MINOTAURUS [Minotauros]. Monster, half mens, half stier. Door Minos in het labyrint opgesloten, werd het dol geworden wezen door Heracles gevangen en door Theseus gedood.

MIRT. Altijd groene heester. Symbool van de liefde (als attribuut van Aphrodite).

Roscher 1,2 3046: Mithras' geboorte uit de rots (reliëf Esquilijn)

MITHRAS. Perzische licht- en zonnegod. In de Romeinse keizertijd was zijn cultus sterk verspreid onder oosterse handelaars en in het leger. Hij werd uit een rots geboren. Hij streed met de zon, en wist een wonderbaarlijke stier buit te maken, die hij doodde. Steeg ten hemel op.

MITHRIDATES. Mithridates VI Eupator was koning van Pontus (132-63 v.C.). In zijn droom om een groot hellenistisch rijk te stichten kwam hij in botsing met Rome en groeide zelfs uit tot de meest te duchten vijand van de republiek in de eerste eeuw v.C. In de Mithridatische oorlog wisselden de kansen voor beide partijen herhaaldelijk. Pompeius bracht Mithridates uiteindelijk in een situatie waarin hij verkoos zich door een slaaf te laten doden.

Roscher 1,2 3079: Mnemosyne (beeld)

MNEMOSYNE. Dochter van Uranus, zuster van Themis en Rhea. Bij Zeus werd ze de moeder van de Muzen. Ze is de personificatie van het geheugen.

MOERAE/MOIREN [Moirai]/SCHIKGODINNEN. Clotho (spinster), spint de levensdraad. Lachesis (lotsbeschikking) bepaalt de lengte van de levensdraad. Atropus (onvermurwbaar) snijdt de levensdraad door. Bij de Romeinen: Parcen.

MUCIUS SCAEVOLA. Legendarische Romeinse held. In 507 v.C. trok hij naar het kamp van Porsenna om hem te doden. Betrapt stak hij onbevreesd zijn rechterhand in het offervuur, waarop Porsenna hem uit bewondering voor zijn moed ongedeerd liet gaan.

MUZEN [Mousai]. Dochters van Zeus en Mnemosyne. Godinnen van de kunsten (vooral dans en zang). Apollo ging door voor hun leider (Apollo Musagetes). De negen traditionele Muzen zijn: Calliope ('met schone stem': heroïsch epos, ook wel wijsbegeerte en redekunst); Clio ('de verkondigende': geschiedschrijving); Euterpe ('de verblijdende': *aulos*-spel); Terpsichore ('de danslustige': dans, lyrische poëzie); Erato ('de beminnelijke': hymnen, lied, lyriek); Melpomene ('de zingende': tragedie); Thalia ('de bloeiende': komedie); Polyhymnia of Polymnia ('die rijk is aan zangen': mimische kunst); Urania ('de hemelse': sterrenkunde). Zouden op de Helicon en de Parnassus hebben gewoond. De Thracische dichter Thamyris werd blind, toen hij zich met de Muzen wilde meten. Vormden de jury bij de muziekwedstrijd tussen Apollo en Marsyas. Zie ook: Apollo.

Roscher 3,1 19: Narcissus bij bron en Eros (fresco Pompeji)

NARCISSUS [Narkissos]. Zoon van de riviergod Cephissus (Boeotië) en de nimf Liriope. Knappe jongeman die de nimf Echo afwees. Hij werd door de godin van de liefde of door Nemesis bestraft om alleen te houden van zijn eigen onbereikbaar spiegelbeeld (dat hij zag in de bron waaruit hij dronk). Toen hij ernaar greep, verdronk hij. Werd door de goden veranderd in de naar hem genoemde bloem. Zie ook: Echo.

NAUSICAÄ [Nausikaä]. Dochter van Alcinoüs, vorst van de Phaeaken. Hielp Odysseus toen hij als schipbreukeling op het eiland aanspoelde.

Roscher 3,178:Nehalennia

NEHALLENIA. Vruchtbaarheidsgodin en beschermster van de zeevaart. Attributen: mand vol vruchten, hond, steven en roeiriem van schip.

NEMESIS. Oud-Griekse godin van de verontwaardiging en de wrekende gerechtigheid. Attributen: juk, gesel, weegschaal, zwaard.

NEOPTOLEMUS [Neoptolemos]. Zoon van Achilles en Deidamia. Heette aanvankelijk Pyrrhus. Hij werd na Achilles' dood naar Troje geroepen, en drong in het houten paard de stad binnen. Hij doodde Priamus, gooide Astyanax van de stadsmuren en offerde Polyxena op het graf van zijn vader. Hij kreeg na de overwinning Andromache als bruid. Hij huwde Hermione, die aan Orestes als bruid beloofd was. Hij werd in Delphi gedood door Orestes.

Roscher 3,1 175-176: dood van Neoptolemus in Delphi; verder aanwezig: Orestes, Pythia, Apollo

NEPTUNUS. God van het water en, na zijn vereenzelviging met de Griekse Poseidon, in het bijzonder van de zee.

NEREÏDE [Nereïs]. De Nereïden waren de vijftig dochters van Nereus en Doris. Deze zeenimfen waren de verpersoonlijking van de kabbelende zee. De bekendste zijn Amphitrite, Thetis en Galataea.

Roscher 3,1 233-234: Nereïde en Eros op zeecentaur

NEREUS. Griekse zeegod die met zijn vijftig dochters, de Nereïden, op de zeebodem woonde. Bekend om zijn rechtschapenheid, wijsheid en de gave van voorspellingen. Hij kon zoals Proteus verschillende gedaanten aannemen, onder meer in het gevecht met Heracles (die van hem wou vernemen waar de appelen van de Hesperiden te vinden waren).

Roscher 3,1 243: Nereus en Heracles

NERO. Wrede en wellustige Romeinse keizer (37-68). Vermoordde onder meer zijn moeder Agrippina en zijn gemalin Octavia. Liet de christenen (wellicht slechts een beperkt aantal) vervolgen na de brand van Rome in 64. Zie ook: Agrippina.

Croon 176: Nero

NESTOR. Zoon van Neleus en Chloris. Vorst van Pylus. Hij bleef als enige gespaard toen Heracles zijn vader en broers doodde. Hij nam deel aan de Calydonische jacht en was een van de Argonauten. Als oudste van de Griekse legeraanvoerders blonk hij in Troje uit als bezadigd en welsprekend. Teruggekeerd in Pylus ontving hij Telemachus, die op zoek was naar zijn verloren gewaande vader Odysseus.

NICE [Nikè]. Godin van de overwinning. Meestal gevleugeld. Attributen: lauwerkrans en palmtak.

NIMFEN [Numphai]. Lagere natuurgoden, die vaak hogere goden zoals Artemis begeleiden. De Grieken kenden berg-, bos-, boom-, bron-, rivier-, meer- en dalnimfen.

NIOBE. Dochter van Tantalus en gemalin van koning Amphion van Thebe. Moeder van zes zonen en dochters. Beroemde zich hierop tegenover Leto, die slechts Apollo en Artemis als kinderen had. Dezen wreekten hun moeder door Niobes kinderen met pijlen te doden. Niobe versteende van smart.

Clement 470: Niobe en haar kinderen

OCEANUS [Okeanos]. Zoon van Uranus en Gaea. God van de wereldzee. Vader bij Thetis van drieduizend dochters, de Oceaniden. Ook vader van de riviergoden.

Roscher 3,1 815-816: Oceanus (beeld)

OCNUS. Zoon van Tiberis en Manto. Hij zou de stichter zijn geweest van Mantua. Hij ging door voor een vlijtig man, maar de vrucht van zijn arbeid – het vlechten van een koord – werd telkens opgegeten door een ezelin (= zijn spilzieke vrouw). Vandaar de associatie met de bodemloze vaten van de Danaïden.

OCTAVIA. Naam van verschillende Romeinse dames. De bekendste is de dochter van keizer Claudius en Messalina (circa 40-62). Huwde in 53 met Nero, het jaar vóór hij keizer werd. Spoedig door Poppaea vervangen, nadien verbannen en ten slotte vermoord.

Roscher 1,2 1195-1196: Odysseus bedreigt Circe (vaas uit Vulci)

ODYSSEUS [Odusseus]. Echtgenoot van Penelope en vader van Telemachus. Koning van het eiland Ithaca. Beroemd om zijn moed en listigheid. Na de tien jaar strijd om Troje zwierf hij nog eens tien jaar rond vooraleer hij zijn land bereikte, terwijl hij intussen het ene avontuur na het andere beleefde (onder meer Circe, de Sirenen, de schim van Tiresias).

Roscher 3,1 719-720: Oedipus en de sfinks (vaas)

OEDIPUS [Oidipous]. Zoon van Laius, koning van Thebe, en Iocaste. Te vondeling gelegd omdat een orakel voorspelde dat hij zijn vader zou doden en met zijn moeder zou huwen. Werd met gezwollen voeten (vandaar zijn naam 'met gezwollen voeten') gevonden door een herder op de Cithaeron, en opgevoed door Polybus, koning van Corinthe. Toen hij als volwassene Corinthe verliet, doodde hij bij een twist op een smalle weg zonder het te weten zijn vader Laius.

OENEUS [Oineus]. Koning van Calydon (Aetolië). Vader van Meleager en Deianira. Hij voerde de wijnbouw in, nadat Dionysus zelf hem de eerste wijnstok had geschonken.

OENOMAÜS [Oinomaös]. Zoon van Ares en vader van Hippodamia. Omdat een orakel voorspeld had dat hij zou sterven als zijn dochter zou huwen, liet hij de huwelijkskandidaten een wagenwedstrijd met hem houden van Pisa (Elis) tot in Corinthe. Ze kregen een voorsprong, maar zouden worden gedood als hij ze inhaalde. Zijn paarden, een geschenk van Ares, waren bijzonder krachtig en snel. Nadat hij twaalf slachtoffers gemaakt had, kwam hij zelf om door een list van Pelops. Bij de Olympische Spelen golden de wagenwedstrijden als een herinnering aan de wagenren van Oenomaüs.

OENONE [Oinone]. Dochter van de stroomgod Cebren uit Frygië. Huwde met Paris, maar die liet haar later in de steek voor Helena. Ze stierf van verdriet.

OENOPION [Oinopioon]. Koning van Chius. Hij voerde er de wijnbouw in (vandaar zijn naam 'wijndrinker'). Was de vader van Merope.

OLYMPIA - OLYMPIADE - OLYMPUS. Olympia is een heilige plaats in Elis (Peloponesus), waar ter ere van Zeus om de vier jaar de Olympische Spelen werden gehouden (de eerste keer in 776 v.C.). Olympiade: tijdvak van vier jaar, genoemd naar de Olympische Spelen. Olympus: berg op de grens van Thessalië en Macedonië, waar de Olympische goden, geleid door Zeus, hun woonst hadden.

OMPHALE. Koningin van Lydië. Toen Heracles Eurytus en diens zonen doodde, moest hij bij Omphale drie jaar vernederend vrouwenwerk verrichten (spinnen en weven).

OMPHALUS [omphalos]. De 'navelsteen' in Delphi zou het centrum van de aarde hebben aangegeven.

Roscher 1,1 152: Orestes doodt Aegisthus

ORESTES. Zoon van Agamemnon en Clytaemnestra. Wreekte de moord op zijn vader, door het doden van Aegisthus en zijn moeder. Als knaap was hij door zijn zus Electra in veiligheid gebracht bij zijn oom Strophius in Phocis. Daar sloot hij vriendschap met diens zoon Pylades. Na de wraakneming achtervolgden de Eumeniden of Erinyen hem ongenadig. Hij werd zo voor de Areopaag te Athene gebracht. Toen de stemmen staakten, zorgde Athena voor de bevrijdende stem. Zie ook: Aegisthus, Agamemnon, Clytaemnestra, Electra.

ORION [Orioon]. Knappe jager uit Boeotië. Toen hij eens met zijn hond Sirius de zeven Pleiaden achtervolgde, veranderde Artemis deze eerst in duiven, nadien in een sterrenbeeld. Hij werd verliefd op Merope, maar hij mocht haar van haar vader Oenopion pas huwen na het verrichten van een heldendaad. Toen hij haar probeerde te schaken, verloor hij het zicht. Hij werd door een Cycloop bij Helius gebracht, die hem genas. In een andere versie strompelde hij naar de smidse van Hephaestus en zette daar een jongen op zijn schouders, die hem moest leiden in een tocht over land en zee naar het oosten. De gloed van de opgaande zon schonk hem het gezichtsvermogen terug. Werd gedood door de op hem verliefde Artemis, uit jaloersheid, mogelijk per ongeluk: de stip in zee waarop Apollo haar liet richten bleek Orion te zijn.

Roscher 3,1 1187: Orpheus en Eurydice

ORPHEUS. Orpheus was een Griekse dichter/zanger die tijdens de Argonautentocht met zijn liederen mensen en stormen kon bedaren. Wanneer hij zong luisterde de gehele natuur ademloos toe. Toen zijn vrouw Eurydice stierf, daalde Orpheus af in de onderwereld en bekwam, dankzij zijn kunst, haar teruggave. Toch verloor hij haar opnieuw, omdat hij, ondanks het verbod, naar haar omkeek vóór zij de aarde bereikt hadden. Zijn wanhoop maakte zijn muziek toen nog ontroerender. Hij werd op wreedaardige wijze vermoord door (jaloerse?) vrouwen. Zijn afgehouwen hoofd en zijn lier gaven nadien aanleiding tot orakels. Zie ook: Eurydice.

PALLADIUM [Palladion]. Beeld van Pallas Athene. Dergelijke beelden werden in vele steden in de burcht bewaard. Toen de vermomde Odysseus en Diomedes het Palladium van Troje roofden, was de ondergang van de stad bezegeld.

PAN. Zoon van Hermes en een nimf. God van herders en kudden. Had bokspoten, baard en horens. Uitvinder van de syrinx of panfluit, waarmee hij zich aan een wedstrijd tegen Apollo waagde. Bij zijn zwerftochten veroorzaakte hij panische angst (vandaar ons woord paniek) bij diegenen voor wie hij plots verscheen. Bij Marathon zou hij zo de Perzen hebben verschrikt. De syrinx werd soms geïnterpreteerd als een door Gaea in riet veranderde nimf, om zo veilig te zijn voor de achtervolgende Pan.

Roscher 3,1 1455: Pan en Daphnis (beeldengroep)

PANDORA. De eerste vrouw, geschapen door Prometheus, maar volgens anderen door Zeus of Hephaestus. Ze kreeg van de goden een kruik – volgens een latere versie een doos – die ze niet mocht openen. Ze deed het toch, waardoor alle kwalen ontsnapten en zo de wereld onheil brachten. Alleen de hoop bleef achter. Ze huwde met Prometheus' broer Epimetheus.

Roscher 1,2 1961-1962: Paris bij Helena (vaas uit Ruvo)

PARIS. Ook Alexander genoemd. Zoon van Priamus en Hecabe. Wegens een voorspelling dat het kind een gevaar voor Troje betekende, werd hij te vondeling gelegd op de berg Ida. Eerst gevoed door een berin groeide hij op tussen herders. Moest als scheidsrechter beslissen wie van de drie godinnen Hera, Athena en Aphrodite de mooiste was. Hera beloofde hem macht, Athena wijsheid en roem, Aphrodite de mooiste vrouw ter wereld. Paris oordeelde dat de appel van Eris ('twistappel') voor de knapste vrouw aan Aphrodite toekwam. Als beloning bezorgde zij hem Helena, de vrouw van Menelaüs, daarmee de kiem leggend van de Trojaanse oorlog. Doodde Achilles met een pijlschot in diens kwetsbare hiel, en werd zelf geveld door een pijl van Philoctetes. Een ander verhaal stelt dat Paris eerst gehuwd was met de nimf Oenone, die hij echter in de steek liet. Ze stierf volgens de enen van verdriet, volgens anderen stortte ze zich na de dood van Paris (die ze, wegens zijn ontrouw, na zijn dodelijke verwonding niet had willen genezen) op de brandstapel. Zie ook: Alexander, Helena.

PARNASSUS. Bijna 2500 m hoog gebergte ten noorden van Delphi. Gewijd aan Apollo en de Muzen.

PARTHENOPE. Een van de Sirenen.

PASIPHAË. Dochter van Helius en zuster van Circe. Bij Minos werd ze de moeder van Androgeüs, Glaucus, Ariadne en Phaedra. Een prachtige witte stier, aan Minos geschonken door Poseidon, wekte haar passie. Ze liet zich in een door Daedalus vervaardigde houten koe sluiten. Zo werd de Minotaurus uit haar en de stier geboren.

Roscher 3,2 1699-1700: Patroclus verzorgd door Achilles (schaal)

PATROCLUS [Patroklos]. Na de doodslag op een vriend vluchtte Patroclus naar Peleus en werd de boezemvriend van Achilles. Hij vergezelde hem naar Troje, en werd er gedood door Hector toen hij in de wapenrusting van Achilles de Grieken een Trojaanse aanval deed weerstaan. Menelaüs wist met anderen Patroclus' lijk te redden, maar de wapenrusting bleef in de handen van Hector. Om zijn vriend te wreken liet Achilles eindelijk zijn jarenlange wrok varen, en trok zelf weer ten strijd.

PAUSANIAS. Regent van Sparta van 480 tot 468 v.C. Behaalde in Plataeae in 479 de beslissende overwinning tegen de Perzen. Knoopte later echter verraderlijke betrekkingen met Perzië aan. Toen hij asiel zocht in de Athenatempel te Sparta, werd hij uitgehongerd door de eforen.

PAUSANIAS DE PERIËGEET. Schreef rond 150 zijn *Rondleiding door Griekenland*, een belangrijke bron voor onze kennis van de materiële cultuur en kunst uit het oude Griekenland.

PAX. Romeinse naam voor Eirene of Irene.

PEGASUS [Pegasos]. Gevleugeld paard, ontstaan uit het bloed van het afgehouwen hoofd van Medusa. Het door Bellerophon getemde paard deed met zijn hoefslag de bron van de dichters, Hippocrene ('Paardenbron'), ontspringen.

PEITHO. Oceanide of dochter van Aphrodite. Verpersoonlijking van de overreding. Attribuut: driekoppig dier (aap, kat, hond).

Roscher 3,2 1841-1842: Peleus en Atalanta (spiegel)

PELEUS. Doodde bij het discuswerpen samen met zijn broer Telamon zijn halfbroer Phocus, waarop hij uit Aegina vluchtte. Nam deel aan de Argonautentocht. Huwde met Antigone, de dochter van Eurytion, de koning van Phtia. Bij de Calydonische jacht trof hij onopzettelijk zijn schoonvader, waarna hij naar Iolcus trok. Na de dood van Antigone bezorgden de goden hem de Nereïde Thetis als vrouw. Toen deze aan het huwelijk wilde ontkomen door allerlei gedaanten aan te nemen, wist Peleus dankzij Chiron telkens hetzelfde te doen, waardoor ze uiteindelijk zwichtte. Op hun huwelijk nam de niet-uitgenodigde Eris wraak door een gouden appel in de feestzaal te werpen, bestemd voor de schoonste van drie godinnen (Athena, Hera en Aphrodite). Zeus koos Paris uit om het oordeel te vellen. Peleus en Thetis kregen een zoon, de homerische held Achilles. Peleus betrapte Thetis eens toen ze het kind in een reinigend vuur hield om hem onsterfelijk te maken. Daarop verliet ze hem en zocht weer de diepten van de zee op. Peleus regeerde lang over Phtia, werd ten slotte verdreven, vervolgens door Neoptolemus tijdelijk in zijn macht hersteld, maar door Orestes definitief verjaagd. Hij stierf in ballingschap. Zie ook: Thetis.

PELIADEN. Dochters van Pelias, vorst van Iolcus en vader van Alcestis. Na de terugkeer van Iason uit Colchis sneden ze, op raad van Medea, Pelias in stukken. Ze kookten zijn ledematen in een ketel, in de verwachting dat hij zoals Aeson daaruit verjongd tevoorschijn zou komen.

PELOPS. Zoon van Tantalus, vader van Atreus en Thyestes. Werd door zijn vader geslacht en aan de goden als gerecht aangeboden. Deze bemerkten onmiddellijk het bedrog, behalve Demeter (die toen treurde na de schaking van Persephone): ze at een stuk schouder op. De goden brachten Pelops weer tot leven en gaven hem een kunstschouder in ivoor. Volgde zijn vader op als koning. In Elis huwde hij met Hippodamia, na (met de hulp van Myrtilus) haar vader Oenomaüs bij de wagenrennen te hebben verslagen. Myrtilus vervloekte stervend het geslacht van de Tantaliden. Zie ook: Hippodamia.

PENELOPE. Wachtte twintig jaar standvastig op haar echtgenoot Odysseus, waardoor haar trouw spreekwoordelijk werd. Ze leidde haar belagers om de tuin door aan te kondigen dat ze voor een van hen zou kiezen, als een lijkkleed voor Laërtes af zou zijn. Maar wat ze overdag weefde, rafelde ze 's nachts weer uit. Toen Odysseus terugkwam, doodde hij de vrijers. Zie ook: Odysseus.

PENTHESILEA [Penthesileia]. Koningin van de Amazonen. Kwam na de dood van Hector de Trojanen te hulp. Werd gedood door Achilles, maar deze raakte verliefd op de stervende Penthesilea. Zie ook: Amazonen.

PENTHEUS. Zoon van Echion en Agave, kleinzoon van Cadmus. Hij verzette zich tegen de eredienst van Bacchus in Thebe. Toen hij eens de bacchanten – onder wie zijn eigen moeder – bespiedde, hielden deze hem voor een wild dier, en werd hij door hen verscheurd.

Roscher 3,2 1937-1938: Pentheus aangevallen door de Menaden (vaas)

Daremberg - Saglio 3,1 395: Pericles (borstbeeld)

PERICLES. Circa 495-429 v.C. Atheens staatsman, legeraanvoerder en redenaar. Leidde na de verbanning van Cimon in 461, als hoofd van de democratische partij, alleen de stadstaat. Zorgde, meestal in samenwerking met Phidias, voor een aantal bijzonder fraaie monumenten (onder meer de Parthenontempel). Zijn expansiepolitiek leidde in 431 tot de Peloponnesische oorlog. Hij stierf in 429 aan de pest.

PERSEPHONE [P(h)ersephassa, Phersephatta]. Dochter van Zeus (of Poseidon) en Demeter. Ook Corè ('Maagdelijke dochter') genoemd. Door Hades ontvoerd. Verbleef één derde van het jaar in de onderwereld, de overige tijd bovengronds, wat gezien wordt als symbool van de graankorrel die moet sterven om te groeien en als het cyclische verloop van het mensenleven (geboorte, bloei en dood). Zie ook: Proserpina.

PERSEUS. Zoon van Zeus en Danaë. Doodde de Gorgone Medusa, en bevrijdde Andromeda. Zie ook: Andromeda.

PHAEDRA [Phaidra]. Dochter van Minos. Huwde met Theseus na de dood van de Amazonenkoningin Hippolyte. Werd verliefd op haar stiefzoon Hippolytus. Bewerkte diens ondergang, toen hij niet op haar avances wilde ingaan. Zie ook: Hippolytus.

Roscher 3,2 2227-2228: Phaedra en haar voedster, vijf dienaressen, Eros (sarcofaag)

PHAËTON. Zoon van Helius, de zon. Toen hij eens de zonnewagen mocht besturen, stak hij de aarde in brand. Zeus stortte Phaëton met zijn bliksem uit de wagen.

PHILEMON. Echtgenoot van Baucis. Het bejaarde echtpaar ontving gastvrij twee arme reizigers, Zeus en Hermes zoals later bleek. De minder gastvrije streekbewoners werden gestraft door een overstroming, terwijl de hut van Philemon en Baucis een tempel werd, en zijzelf de bewakers ervan. Later veranderden ze in twee bomen. Zie ook: Baucis.

Croon 202:
Philippus II van Macedonië

PHILIPPUS II van Macedonië. Circa 382-336 v.C. Verhief Macedonië tot grote mogendheid, en bracht, na zijn overwinning bij Chaeronea (338) heel Griekenland onder Macedonische leiding.

Daremberg - Saglio 1,1 640:
Philoctetes

PHILOCTETES [Philoktetes]. Vriend van Heracles, wiens boog en pijlen hij erfde. Hij werd ziek op de tocht naar Troje, en bleef achter op Lemnus. Na tien jaar haalden Odysseus en Diomedes hem van dat eiland, want een orakel had voorspeld dat Troje alleen met behulp van Heracles' pijlen ingenomen kon worden.

Roscher 3,2 2365-2366: Phineus,
Boreas en verdediger (vaas)

PHINEUS. Zoon van Agenor, koning van Salmydessus in Thracië. Ontving van Apollo de gave van voorzegging. Zeus maakte hem blind toen hij heilige geheimen verraden had. Volgens anderen gebeurde dat door toedoen van Boreas, de vader van zijn eerste vrouw Cleopatra, nadat hij haar zoons mishandelde (op aanstoken van zijn tweede vrouw Idaea). Later kreeg hij zijn gezichtsvermogen terug.

PHOBUS [Phobos]. Personificatie van de schrik, die met Deimus de gezel was van Ares in de strijd.

PHOEBUS. 'De stralende'. Andere naam voor Apollo, toen hij in de vijfde eeuw met Helius gelijkgesteld werd. Zie ook: Apollo, Pan.

PHOLUS [Pholos]. Centaur, zoon van Silenus. Toen Heracles geen gastvrijheid kreeg van de andere Centauren, ontving Pholus hem wel. Toch werd ook hij later het slachtoffer van Heracles' geweld.

Roscher 3,2 2465-2466:
Phrixus vlucht weg op een ram,
terwijl Helle zinkt (fresco Pompeji)

PHRIXUS [Phriksos]. Zoon van Athamas (koning van Thebe) en Nephele, en broer van Helle. Hij zou op aandringen van zijn stiefmoeder Ino aan Zeus geofferd worden, maar hij werd samen met zijn zus gered door hun moeder: zij zette hen op de rug van een gouden ram, die door Hermes was geschonken. De ram vloog weg overzee, maar Helle viel van zijn rug en verdronk in de zee die daarom Hellespont genoemd werd. Phrixus bereikte veilig Colchis, en werd daar gastvrij onthaald door koning Aeëtes. Deze offerde de ram aan Zeus en liet het Gulden Vlies bewaken door een draak. Later werd het vlies geroofd door Iason.

Roscher 3,2 2504: Pietas (munt)

PIETAS. Personificatie van het liefdevolle plichtsbesef (jegens de goden, de staat, de familie). Werd voor de eerste christenen de 'biddende' *orans*-figuur.

PIRITHOÜS [Peirithoös]. Zoon van Ixion of Zeus. Koning van de Lapithen (Thessalische 'bergbewoners'). Tijdens zijn huwelijksfeest met Hippodamia kwam het tot een strijd tussen de Lapithen en de Centauren, toen deze laatsten de bruid en andere vrouwen wilden roven. Pirithoüs hielp Theseus bij het schaken van Ariadne. Theseus vergezelde hem bij de ontvoering van Persephone uit de onderwereld. Hades bond beiden aan een rots. Pirithoüs bleef voor altijd in de onderwereld achter. Theseus werd later bevrijd door Heracles.

VESPASIANUS. Romeins keizer (69-79). Onderdrukte in 70 de opstand van de Batavieren, geleid door Claudius Civilis. Eveneens in 70 zorgde zijn zoon Titus voor de inname van Jeruzalem. Bouwde onder meer het Colosseum.

Croon 280: Vespasianus

VESTA/VESTALINNEN. De Vestalinnen waren de priesteressen van de Romeinse godin Vesta. Onderhielden in haar tempel in Rome een eeuwig vuur. Werden op achtjarige leeftijd uit patricische families gekozen, kregen een tienjarige opleiding en deden nadien tien jaar dienst. Ze moesten een gelofte van kuisheid afleggen.

VICTORIA. Personificatie/godin van de overwinning (zoals de Griekse Nice).

Daremberg - Saglio 1,2 926: Victoria met carnyx

VULCANUS. Romeinse god van het vuur en de ambacht. Later gelijkgesteld met de Griekse Hephaestus.

Daremberg - Saglio 1,2 1694: Vulcanus en de Cyclopen

WINDGODEN. Bij de Grieken was Aeolus de heerser van de winden. De vier goden van de windroos waren: Boreas (noordenwind), Eurus (oostenwind), Notus (zuidenwind), Zephyrus (westenwind). Tot de bekendste winden bij de Romeinen behoren onder meer: Aquilo (noordenwind), Auster (zuidenwind), Favonius.

XERXES. Perzische koning (circa 519-465 v.C.), die tegen de Grieken streed. Werd verslagen bij Salamis (480 v.C.) en Plataeae (479 v.C.).

ZARATHUSTRA = ZOROASTER. Stichter (in de zesde eeuw v.C.?) van de oud-Perzische godsdienst, het mazdeïsme (gebaseerd op het dualisme licht-duisternis, leugen-waarheid).

ZEFIER/ZEPHYRUS [Zephuros]. God van de westenwind, gehuwd met de bloemennimf Chloris.

ZENOBIA. Vorstin van Palmyra (264-273). In 273 door de Romeinen verslagen en naar Rome gevoerd. Betrok nadien een villa in Tibur (Tivoli).

ZEUS. Hoogste god van de Grieken. Zoon van Cronus en Rhea (Cybele). Vader van de goden en de mensen. God van hemel, licht en bliksem. Zetelde op de Olympus. Bij de Romeinen: Iuppiter.

Clement 496: Zeus (medaillon)

Verantwoording van de illustraties

Kaft: zie 102a
6 Napels, Museo Nazionale. Nava-Paris-Friggeri 122
18 ©Lessing Archives
20a ©Alinari Archives
20b Naar: Transparanten A1013: 3
21a Naar: Transparanten A 1011: 1
21b ©Alinari Archives
22a Werner Forman Archive
22b Naar: Transparanten A 1001
23a Naar: Transparanten A 1002
23b Naar: Transparanten A 1003: 2
23c Uit Thebe. Ca. 1500 v.C. Naar: Transparanten A 1005: 1
23d Werner Forman Archive
24a Naar: Transparanten 1005
24b Naar: Transparanten 1007
25 Naar: Transparanten 1014
26a ©Lessing Archives
26b ©Lessing Archives
26c Naar: Transparanten 1014
27 Londen, British Museum. ©Lessing Archives
28 Napels, Museo Nazionale. Nava - Paris - Friggeri 119
29 ©Lessing Archives
30a ©Alinari Archives
30b Naar: Transparanten 1015
30c ©Scala, Firenze
31 Athene, Nationaal Museum. ©Scala, Firenze
32 ©Leo Fabri
33 Napels, Museo Nazionale. Nava - Paris - Friggeri 104
34 ©Leo Fabri
35 ©Leo Fabri
38 Didactisch Museum Archeologie K.U. Leuven.©Johan Geleyns
41 ©AKG
43 Athene, Nationaal Museum. (C) THE BRIDGEMAN ART LIBRARY/Alinari Archives
44 ©Topfoto
46a (C) THE BRIDGEMAN ART LIBRARY/Alinari Archives
46b © AKG
46c © AKG
47 © Photo RMN - Herve Lewandowski
48 (C) THE BRIDGEMAN ART LIBRARY/Alinari Archives
49 ©Topfoto
50 ©Scala, Firenze
51 Delphi, Archeologisch Museum. ©Alinari Archives
53 (C) THE BRIDGEMAN ART LIBRARY/Alinari Archives
54 (C) THE BRIDGEMAN ART LIBRARY/Alinari Archives
56a ©Topfoto
56b Parijs, Louvre. ©Scala, Firenze
57 Delphi, Archeologisch Museum. ©Scala, Firenze
59a Athene, Acropolismuseum. ©Alinari
59b ©AKG
59c © Scala, Firenze
60a Afgietsel Didactisch Museum Archeologie van de K.U. Leuven. ©Bruno Vandermeulen
60b (C) THE BRIDGEMAN ART LIBRARY/Alinari
61 Athene, Nationaal Museum. ©Scala, Firenze
62a Naar: Transparanten A 1020
62b Naar: Transparanten A 1020
62b 1 Basisvorm van het Ionisch kapiteel 2 Gouden gevest van een bronzen dolk uit Kreta 3 Aeolisch kapiteel Bissectrice-oplossing voor een hoekkapiteel. Naar: Transparanten A 1022
63a-b Naar: Transparanten 1024
64a-b Naar: Transparanten 1018-1019
65 Naar: Transparanten A 1017
66 Naar: Transparanten A 1018
67 Athene, Nationaal Archeologisch Museum. ©Scala, Firenze
68 Afgietsel Didactisch Museum Archeologie K.U. Leuven. ©Bruno Vandermeulen
69a Afgietsel Didactisch Museum Archeologie K.U. Leuven: © Bruno Vandermeulen
69b Malibu, Getty Museum. ©2010 J. Paul Getty Trust
69c Athene, Nationaal Archeologisch Museum. ©Scala, Firenze
70 Afgietsel Didactisch Museum Archeologie K.U. Leuven. ©Bruno Vandermeulen
71 Afgietsel Didactisch Museum Archeologie K.U. Leuven. © Bruno Vandermeulen
72 ©KMKG
73 ©KMKG
74 ©AKG
75 Napels, Museo Nazionale. ©Alinari Archives
76a ©Scala Firenze
76b (C) THE BRIDGEMAN ART LIBRARY/Alinari
77a 530 v.C. Parijs, Louvre.(C) THE BRIDGEMAN ART LIBRARY/Alinari
77b 540-530 v.C. Parijs, Bibliothèque Nationale.(C) THE BRIDGEMAN ART LIBRARY/Alinari
77c ©Alinari Archives
78 470 v.C. Ferrara, Museo Archeologico Nazionale. ©AKG
80 © Bruno Vandermeulen
81a Detail van 80
81b Detail van 80
82a Jenkins 10
82b *Cité des images* 31: fig. 42
82c Jenkins 18
83a *Cité des images* 41: fig. 62
83b *Cité des images* 83: fig. 122
84a New York, The Granger Collection. ©Topfoto
84b Ca. 480 v.C. Parijs, Louvre. (C) RMN / Les frères Chuzeville
85 Brussel, KMKG. ©Bruno Vandermeulen
86a Rome, Villa Giulia. ©Alinari
86b Parijs, Petit Palais. ©Photo RMN – Ernest Bulloz
87a-b Malibu, Paul Getty Museum. ©The J. Paul Getty Museum, Villa Collection, Malibu, California
87c Wenen, Kunsthistorisches Museum in Wenen. ©AKG
88 Reconstructietekening. ©White star Publishers
89 Musei Vaticani©Scala, Firenze
90a ©Scala, Firenze
90b ©Scala, Firenze
91a Athene, Nationaal Museum. ©Scala, Firenze
91b Naar: Transparanten A 1027
91c Athene, Nationaal Museum. ©Scala, Firenze
92 ©Scala, Firenze
93 Athene, Nationaal Museum. © AKG
94 Naar: Woodford
97 ©Alinari Archives
99 ©Scala, Firenze
100a ©Scala, Firenze
100b Naar: Transparanten A 1027
100c ©Scala, Firenze
100d Naar: Transparanten A 1028
101a ©Scala, Firenze

101b Naar: Transparanten A 1028
101c (C) THE BRIDGEMAN ART LIBRARY/Alinari
101d Naar: Transparanten A 1029: 1
102a (C) THE BRIDGEMAN ART LIBRARY/Alinari
102b Naar: Transparanten A 1029: 2
102c Naar: Transparanten A 1030: 1
102d Naar: Transparanten A 1030: 2
103a ©Scala, Firenze
103b Naar: Transparanten A 1031: 1
103c ©Scala, Firenze
103d Naar: Transparanten A 1031
104 ©White star publishers
105a (C) THE BRIDGEMAN ART LIBRARY/Alinari
105b ©White star publishers
106a ©Scala, Firenze
106b Parijs, Louvre. ©AKG
106c Museo Nazionale te Napels. ©Alinari
107a © Corbis
107b ©White star publishers
108 ©Alinari Archives
109a Parijs, Louvre. ©Scala, Firenze
109b Parijs, Louvre. ©Scala, Firenze
110 Londen, O' Shea Gallery. (C) THE BRIDGEMAN ART LIBRARY/Alinari
111a Berlijn, Pergamon Museum. ©Lessing Archives
111b Berlijn, Pergamon Museum. ©Lessing Archives
111c Berlijn, Pergamon Museum. ©Lessing Archives
114 ©Lessing Archives
116 ©AKG
119a-b © Alinari Archives
120 ©Scala, Firenze
121a © Scala, Firenze
121b-c Paestum, Museo Archeologico. ©Scala, Firenze
123 The Art Archive / Archaeological Museum Palermo /Picture desk
125 Nava - Paris - Friggeri 132
126 ©Scala
127 Veii, Museo delle Antichità Etrusche. ©AKG
128a Rome, Villa Giulia. ©Scala, Firenze
128b Rome, Villa Giulia. ©Scala, Firenze
128c Firenze, Museo Archeologico. ©Scala, Firenze
129 Tarquinia, Palazzo Vitelleschi. ©Scala, Firenze
131 ©Lessing Archives
134 ©Lessing Archives
135a ©Scala, Firenze
135b ©AKG
135c Rome, Museo della Civiltà Romana. (C) THE BRIDGEMAN ART LIBRARY/Alinari
135d ©White star Publishers
136a Rome, Museo della Civiltà Romana. ©Scala, Firenze
136b ©BPK
136c ©Scala, Firenze
136d ©Scala, Firenze
138 Cerveteri, Museo Nazionale. ©Picture desk
139 Rome, Musei Capitolini. ©Scala, Firenze
140 Rome, Musei Capitolini. ©Lessing Archives
141 ©BPK
142 Napels, Museo Nazionale. ©Scala, Firenze
144a ©Picture Desk
144b Carthago, Nationaal Museum. © AKG
145 ©Scala, Firenze
146a ©Topfoto
146b Venetië, Museo Archeologico. © Scala, Firenze
148a Kopenhagen, Ny Carlsberg Glyptotek.(C) THE BRIDGEMAN ART LIBRARY/Alinari
148b Napels, Museo Nazionale. ©Scala, Firenze
150a ©Scala, Firenze
150b ©White star publishers
152 ©White star publishers
154 Musei Vaticani. ©Scala, Firenze
155a Rome, Palazzo Massimo. ©Lessing Archives
155b Musei Vaticani. ©Scala, Firenze
156 ©Topfoto
157 Nava - Paris - Friggeri 61
159 Naar: Transparanten A1032
160 Naar: Transparanten A1034
161a Naar: Transparanten A1036
161b Naar: Transparanten A1037
162 Bron? ©White star publishers
163a ©Scala, Firenze
163b ©Scala, Firenze
164a ©Scala, Firenze
164b-c, 165 a-c © Musée de Mariemont
166a New York, The Granger Collection. ©Topfoto
166b ©Topfoto
166c Napels, Museo Nazionale. ©Alinari archives
166d Napels, Museo Nazionale. ©Topfoto
167 ©Scala, Firenze
168a ©Scala, Firenze
168b Rome, Palazzo Massimo. ©Scala, Firenze
168c © Musée de Mariemont.
169 ©Scala, Firenze
170 Rome, Musei Capitolini. ©Alinari Archives
171a ©Scala, Firenze
171b ©Scala, Firenze
171c Plaats van bewaring, datering? Bron? ©Scala, Firenze
172 ©Alinari archives
173 © White star publishers
174 © Alinari archives
175 © White star publishers
176 ©AKG
178 Rome, Musei Capitolini. ©Scala, Firenze
179 Rome, Musei Capitolini. ©Alinari archives
179 ©Scala, Firenze
181a Rome, Musei Capitolini. ©Lessing Archives
181b Rome, Musei Capitolini. ©Scala, Firenze
181c ©BPK
183 ©Trier, Rheinisches Landesmuseum
185 (C) THE BRIDGEMAN ART LIBRARY/Alinari
187 Napels, Museo Nazionale. ©Scala, Firenze
188a Brussel, KMKG. ©Bruno Vandermeulen
188b Didactisch Museum Archeologie K.U. Leuven. ©Bruno Vandermeulen
188c Napels, Museo Nazionale. ©AKG
189a Napels, Museo Nazionale. ©Alinari Archives
189b Napels, Museo Nazionale. ©AKG
190a Londen, British Museum. Bron? ©AKG
190b Plaats van bewaring, datering? Bron? ©AKG
190c-d Brussel, KMKG. ©Bruno Vandermeulen
191a Plaats van bewaring, datering? Bron? ©Alinari archives
191b Rome, Musei Capitolini. Hoofd van kolossaal marmeren beeld, wellicht bestemd voor opstelling in de Maxentiusbasilica. Vierde eeuw n.C. ©Scala, Firenze
192 Rome, Musei Capitolini. ©Alinari archives
193 ©Scala, Firenze
194 ©Scala, Firenze
195 Didactisch Museum Archeologie K.U. Leuven©Bruno Vandermeulen
196 ©Römisches-Germanisches Museum Köln
197 Afgietsel Didactisch Museum Archeologie K.U. Leuven. ©Bruno Vandermeulen
199 © Bruno Vandermeulen

Register

Noot: Voor de schrijfwijze van de Griekse namen en termen werd in principe geopteerd voor de Latijnse vorm. De schrijfwijze van Latijnse namen en termen werd in de regel als zodanig bewaard. Deze traditionele aanpak is gangbaar in de meeste publicaties met betrekking tot de klassieke oudheid, en vinden we bijvoorbeeld ook terug in het Woordenboek der Oudheid en het mythologisch woordenboek van Bartelink (die vaak als richtsnoer hebben gediend). Toch zijn ook met deze werkwijze enkele inconsequenties onvermijdelijk.

Personen/personages/personificaties

Monumenten/kunstwerken

Begrippen, termen en symbolen

Provoost, Arnold
De oude Grieken en Romeinen. Hun denken en doen

Blijde Inkomststraat 79, 3000 Leuven
www.davidsfondsuitgeverij.be

Omslagillustratie: Illisusfiguur van de westelijke Parthenongevel.
Londen, British Museum. Tussen 438 en 432 v.C.

Vorm: Bart Luijten
Iconografie, chromatische supervisie: Johan Geleyns
Bewerking illustraties: Margo Pannemans

D/2010/0240/58
ISBN: 978-90-5826-725-2
NUR: 683